DE LA PREUVE

DE

L'EXISTENCE DE DIEU

DANS PLATON,

PAR A. MOURIER,

AGRÉGÉ DE PHILOSOPHIE.

PARIS,

TYPOGRAPHIE DE FIRMIN DIDOT FRÈRES,
IMPRIMEURS DE L'INSTITUT,
RUE JACOB, 56.

1854.

DE LA PREUVE
DE
L'EXISTENCE DE DIEU
DANS PLATON.

DE LA PREUVE

DE

L'EXISTENCE DE DIEU

DANS PLATON,

PAR A. MOURIER,

AGRÉGÉ DE PHILOSOPHIE.

PARIS,
TYPOGRAPHIE DE FIRMIN DIDOT FRÈRES,
IMPRIMEURS DE L'INSTITUT,
RUE JACOB, 56.

1854.

Toute théodicée digne de ce nom, quand elle démontre l'existence de Dieu, entend prouver l'existence

   d'une cause vraiment première,
   d'une cause spirituelle,
   d'une cause infinie en toutes perfections.

Après bien des recherches et de profondes analyses provoquées par le besoin de justifier les saintes croyances du genre humain, de mettre la raison de l'homme d'accord avec sa foi, la science spiritualiste, dégageant de tous les travaux accomplis par la réflexion philosophique ce qu'ils ont de définitif et d'incontestable, est arrivée à déclarer :

1° Que le type premier et véritable de la cause ne se trouve, pour l'homme, que dans la conscience qu'il a de ses actes libres;

2° Qu'aussitôt qu'il s'est connu comme cause, au sein même de son acte de conscience et dans la plénitude de son effort, le moi universalise le principe de causalité, et déclare que tout ce qui commence d'être a une cause;

3° Que le moi suivrait indéfiniment la chaîne des causes finies, si la raison, en lui donnant l'idée d'infini, ne mettait un terme à sa poursuite.

Ainsi, nulle philosophie ne peut s'élever au vrai Dieu, si elle n'emprunte :

A la conscience, la notion de cause;

A la raison, le principe de causalité;

A la raison encore, la notion d'infini.

Par là se trouvent condamnées d'avance, et les doctrines sensualistes qui, excluant la conscience, ne peuvent saisir le type de la cause; et les doctrines sceptiques qui nient la raison, ou du moins la légitimité de son témoignage; et enfin les doctrines purement rationnelles qui s'enferment dans un infini abstrait, véritable néant de l'existence.

Par là aussi se trouve approuvée et confirmée d'avance dans ses résultats généraux toute philosophie qui est à la fois psychologique en ce qu'elle se place au point de vue de la conscience, et rationnelle en ce qu'elle maintient et applique régulièrement, et le principe de causalité, et la notion d'infini, conçus par la raison.

Notre but est de montrer qu'aucune philosophie avant Platon n'a rempli cette double condition; que celle de Platon l'a remplie, non qu'il ne lui arrive plus d'une fois d'abandonner trop tôt le terrain solide des faits pour les régions de l'intelligible; non que les deux points de vue de la conscience et de la raison soient chez lui toujours explicitement et scientifiquement indiqués, distingués et mis d'accord; mais parce que ces deux points de vue sont réellement dans sa doctrine, et qu'en fait il s'y est placé, de telle sorte qu'il serait vrai de dire que la postérité, sur la grande question qui nous occupe, n'a fait que développer, régulariser et préciser les doctrines formulées, indiquées ou entrevues par Platon.

S'il m'est permis, dans la faible mesure de mes forces, d'essayer cette démonstration, tout le mérite en est aux nombreux et importants travaux qu'a suscités, depuis trente ans, la philosophie platonicienne (1), et qui sont venus lentement et

---

(1) Voy. particulièrement Tiedemann, *de Deo Platonis*. — Cousin, trad. de Platon, arguments et fragments, *passim*. — Van Hæusde, *Initia philosophiæ Platonicæ*. — Stallbaum, *Arguments sur Platon*. — H. Martin, *Études sur le Timée*.

successivement éclairer les parties de ce grand système. Tous les traits de la théodicée de Platon sont sans doute connus et déterminés, mais peut-être est-ce un moyen nouveau de les mettre en lumière, que de suivre la voie que nous allons parcourir.

Pour ce qui est des prédécesseurs de Platon, nous ne prétendons pas en refaire l'histoire; mais il peut y avoir quelque intérêt à les étudier au point de vue spécial qui nous occupe, et à rechercher si leurs doctrines contiennent ou non les notions de principe spirituel, de cause et d'infini dans leurs rapports avec la preuve de l'existence de Dieu et avec le platonisme.

PREMIÈRE PARTIE.

De l'idée de Dieu dans la philosophie grecque avant Platon.

§ I.

Les Ioniens.

Chacun sait aujourd'hui que l'école ionienne, ou école des physiciens (φυσικοὶ ou φυσιολόγοι, c'est le nom qu'Aristote donne à cette famille de philosophes dont Thalès est le père), a poursuivi dans toutes ses recherches l'explication du monde et de la formation des choses. Renfermée dans l'observation des phénomènes, substituant l'hypothèse à l'observation là où ces phénomènes lui échappaient, elle ne pouvait réellement aboutir ni à la véritable notion du principe, de la cause personnelle, ni à la cause spirituelle, et par suite à la cause infinie.

La matière, dans son dégagement du chaos, dans ses transformations successives d'un ou de plusieurs éléments générateurs, ne nous montre, en effet, que des phénomènes liés entre eux, mais aucune cause efficiente.

Thalès interroge la nature; il observe « que « l'humide est l'aliment de tous les êtres, et que « la chaleur elle-même vient de l'humide et en « vit (1); » il en conclut par induction que l'eau est le principe des choses, que c'est là l'élément qui doit être assigné comme matière première et unique de tout ce qui existe.

Que Thalès ait trouvé lui-même ce système, ou qu'il en ait emprunté le germe à l'ancienne opinion des théologiens, qui longtemps avant lui faisaient de l'Océan le père des choses (2), une telle doctrine ne nous offre qu'une substance matérielle qui se métamorphose par sa propre vertu. Si l'on voulait contester l'autorité si imposante d'Aristote, qui accuse formellement les Ioniens

---

(1) *Mét.*, l. III, Bekk. — Voy. en particulier, sur la théorie des quatre premiers principes, les travaux de M. Cousin et de M. Ravaisson sur la métaphysique d'Aristote.

(2) *Mét.*, I, 3. — Platon (Stallbaum), Cratyle, B. 137:
Ὅσπερ αὖ Ὅμηρος Ὠκεανοῦ τε θεῶν γένεσίν φησι καὶ μητέρα Τηθύν......

d'être restés étrangers au principe de causalité (1);
si on essayait de trouver dans le principe de leurs
doctrines non-seulement une substance, mais
aussi une force, on ne contestera pas du moins
que cette force, confondue avec la matière, conséquemment aveugle et fatale, n'a aucun des caractères du principe, de la cause personnelle, encore moins de la cause supérieure (2).

Anaximène de Milet est frappé du phénomène
tout physique de la respiration; l'air lui paraît
être le principe de la vie dans l'homme et dans
les animaux, et il en vient à ériger l'air en principe universel des choses (3). Ainsi, au principe
grossier de l'eau succède un principe déjà plus
pur, l'air.

Diogène d'Apollonie pense, comme Anaximène,
que l'air est le principe universel; « qu'il est an-

(1) L'ἀρχὴ κινήσεως dans le langage des péripatéticiens.
Mét., I, 3.

(2) Aristote dit expressément, *Mét.*, I, 3 :
« La plupart des premiers philosophes ont cherché dans
« la matière les principes de toutes choses. Car ce dont toute
« chose est, d'où provient toute génération, et où aboutit
« toute destruction, l'essence restant la même et ne faisant
« que changer d'accident, voilà ce qu'ils appellent l'élément
« et le principe des êtres; et pour cette raison, ils pensent
« que rien ne naît et que rien ne périt, puisque cette nature
« première subsiste toujours. »

(3) *Mét.*, I, 3.

« térieur à l'eau, et qu'il est le principe des corps
« simples. »

Ce n'est pas à Anaximandre que nous demanderons la notion de cause. On connaît sa substance première, son infini, son indéterminé (ἀόριστον), chaos primitif (μίγμα), du sein duquel se dégagent les contraires primitivement contenus dans son sein (1). matière est bien à elle-même dans une telle théo. le principe de son mouvement et de sa détermi ion.

Le point de vue d nant de la matière se trouve encore dans Hé te d'Éphèse, le plus puissant penseur de l'écol ienne avant Anaxagore. Pour lui, « le princ des corps est le « feu (2). » Le feu est le s. *ratum* de toutes choses et l'agent universel. « uonde n'est ni « l'œuvre des dieux ni l'œuvre d. ommes; mais « il a été toujours, et il est, et il s le feu éter-« nellement vivant, s'embrasant av nesure et « s'éteignant avec mesure (3). » Ce feu, c'est la

(1) *Mét.*, XI; *Ph.*, III, 4.
(2) *Mét.*, I, 3.
(3) Clément d'Alexandrie, *Strom.*, V, p. 599 B, C. Voici le texte d'Héraclite, qui présente bien cette idée confuse d'une source éternelle de l'infinie mobilité :

Κόσμον τὸν αὐτὸν ἁπάντων οὔτε τις θεῶν οὔτε ἀνθρώπων ἐποίησεν, ἀλλ' ἦν αἰεὶ καὶ ἔστιν καὶ ἔσται πῦρ ἀείζωον, ἁπτόμενον μέτρα καὶ ἀποσβεννύμενον μέτρα.

force de la vie, c'est l'âme; il puise la vie dans sa mobilité. Tout vient du feu et tout y retourne; le ciel et toutes les choses sensibles naissent du feu, et se résolvent dans le feu pour en être tirés de nouveau par une série de transformations. Tout devient, tout s'écoule, hors le feu, qui seul subsiste, et dont toutes les choses de ce monde sensible ne sont que des transformations. De là cette formule que « toutes les choses sensibles sont *dans un perpétuel écoulement*, » ce qu'Héraclite exprimait encore d'une manière figurée, en disant « qu'on ne peut s'embarquer deux fois sur le « même fleuve (1). » Cratyle, son disciple, ajouta « qu'on ne peut même s'y embarquer une seule « fois (2). » — Le feu d'Héraclite est la substance des choses, mais il offre un progrès réel sur les doctrines précédentes dans le sens de la véritable notion d'un principe, cause et moteur. Plus léger, plus immatériel que l'air, qui était lui-même plus souple et plus subtil que l'eau, il est par cela même plus *actif;* il est vivant; il commence à ressem-

(1) *Mét.*, I, 6; III, 5; XII, 4. — Platon, Cratyle (Stallbaum), E, 137 : Λέγει πού Ἡράκλειτος ὅτι πάντα χωρεῖ, καὶ οὐδὲν μένει· καὶ, ποταμοῦ ῥοῇ ἀπεικάζων τὰ ὄντα, λέγει ὡς δὶς ἐς τὸν αὐτὸν ποταμὸν οὐκ ἂν ἐμβαίης.

(2) *Mét.*, III, 5.

bler à une force spirituelle; il est appelé *âme* (1) ; il présente enfin quelques-uns des caractères de la cause, si ce n'est pas là encore la cause. La vraie notion de cause nous apparaîtra comme terme de ces élaborations lentes et successives de la pensée; mais quels efforts n'aura pas encore à faire l'application du génie philosophique pour exprimer la vérité cachée dans les ténèbres de ces cosmogonies, et atteindre par delà les réalités sensibles et changeantes de ce monde les réalités immatérielles qui ne subissent pas de changement?

(1) Arist., *de Anim.*, l. II :

Καὶ Ἡράκλειτος δὲ τὴν ἀρχὴν εἶναι τὴν ψυχήν, εἴπερ τὴν ἀναθυμίασιν, ἐξ ἧς τἄλλα συνίστησιν· καὶ ἀσωματώτατον δὴ καὶ ῥέον ἀεί.

Philop., *de Anim.*, C, fol. 4 :

Πῦρ δὲ οὐ τὴν φλόγα· ὡς γὰρ Ἀριστοτέλης φησίν, ἡ φλὸξ ὑπερβολή ἐστιν πυρός.

— Platon a exprimé le caractère général de l'école d'Ionie, et surtout de l'école atomistique, dans ce passage du *Sophiste* : « Les uns rabaissent à la terre toutes les choses du ciel et de l'ordre invisible, et ne savent qu'embrasser grossièrement de leurs mains les pierres et les arbres qu'ils rencontrent. Attachés à tous ces objets, ils nient qu'il y ait rien autre que ce que les sens peuvent atteindre. Le corps et l'être sont pour eux une seule et même chose; ceux qui viennent leur dire qu'il y a quelque chose qui n'a point de corps, excitent leur mépris, et ils n'en veulent pas entendre davantage. » Trad. Cous., XI, 252.

II.

Les Pythagoriciens.

Le dessein que nous nous sommes proposé nous dispense de parler de l'école atomistique, cette dernière forme du matérialisme ionien (1). La théorie atomistique est la négation de l'âme, de la cause, de l'infini : là, rien que des atomes de matière, derniers éléments du réel, éternellement doués de mouvement, et qui ne supposent rien au delà d'eux-mêmes ; là, conséquemment, ni cause réelle, ni être infini, rien que des limites. « C'est par
« la combinaison et la séparation des atomes que les
« choses naissent et se détruisent ; toutes les modi-
« fications des corps, ἀλλοιώσεις, et leurs propriétés,
« sont déterminées par l'ordre et par la position
« des atomes, et n'ont lieu qu'en vertu de la né-
« cessité. L'âme elle-même n'est autre chose qu'une

---

(1) V. la note, p. 10.

« agrégation d'atomes ronds d'où résultent la cha-
« leur, le mouvement et la pensée (1). »

Mais le pythagorisme demande une plus grande attention, et parce que Platon en dérive dans une certaine mesure, et parce que cette doctrine renferme une tentative qui avait pour objet d'élever l'esprit humain au-dessus des réalités corporelles. Nous ne prendrons dans la théorie de cette école, enveloppée sur plusieurs points de ténèbres, que la portion de doctrine que l'antiquité même a invariablement attribuée aux pythagoriciens, la partie de leurs dogmes qui leur était personnelle, et qui est restée dans l'histoire comme la vraie trace de leur pensée; le reste a été sans influence sur la métaphysique ultérieure, et ne doit pas nous occuper.

Le pythagorisme, tout en élevant la pensée vers les régions supérieures, contient-il la notion de l'âme considérée comme cause et cause spirituelle, la notion de l'infini?

Écoutons Aristote, qui nous montre Pythagore préludant à son système de philosophie par l'étude des mathématiques :

« Ceux qu'on nomme Pythagoriciens s'appliquè-
« rent d'abord aux mathématiques, et firent avan-

---

(1) *Mét.*, l. I, c. 4.

« cer cette science; nourris dans cette étude, ils
« pensèrent que les principes des mathématiques
« étaient le principe de tous les êtres (1). »

Aristote nous explique ensuite cette étrange confusion de l'abstrait et du réel : « Les nombres
« sont de leur nature antérieurs aux choses, et les
« Pythagoriciens croyaient apercevoir dans les
« nombres plutôt que dans le feu, la terre et l'eau,
« une foule d'analogies avec ce qui est et ce qui le
« produit. Telle combinaison des nombres, par
« exemple, leur semblait être la justice; telle autre
« L'AME ET L'INTELLIGENCE; telle autre l'à-propos;
« et ainsi à peu près de toutes les autres choses.

« Comme ils voyaient de plus dans les nombres
« les modifications et les rapports de l'harmonie;
« par ces motifs, joints aux deux premiers, que
« la nature entière a été formée à la ressemblance
« des nombres, et que les nombres sont les pre-
« miers de tous les êtres, ils posèrent les éléments
« des nombres comme les éléments de tous les
« êtres, et le ciel tout entier comme une harmonie
« et un nombre. »

(1) *Mét.*, 1, 5 :
Οἱ καλούμενοι Πυθαγόρειοι τῶν μαθημάτων ἀψάμενοι πρῶτοι ταῦτα προήγαγον, καὶ ἐντραφέντες ἐν αὐτοῖς τὰς τούτων ἀρχὰς τῶν ὄντων ἀρχὰς ᾠήθησαν εἶναι πάντων.

Un peu plus loin, même chapitre, Aristote expose le système :

« Le nombre est le principe de tous les êtres
« sous le point de vue de la matière, et aussi la
« cause de leurs modifications et de leurs états
« divers ; les éléments des nombres sont le pair et
« l'impair ; l'impair est fini, le pair infini ; l'unité
« tient à la fois de ces deux éléments, car elle est à
« la fois pair et impair ; le nombre vient de l'unité. »

Nous est-il facile de ramener ces principes aux causes premières ?

Aux yeux d'Aristote lui-même, la diversité de l'école ionienne et de l'école italique est moins profonde qu'elle ne paraît. Si l'école de Pythagore franchit par la pensée les limites du monde sensible qui avait arrêté l'école d'Ionie, si elle abandonne la réalité grossière pour saisir par l'abstraction des principes d'un ordre plus élevé, elle n'en cherche pas moins, comme l'école de Thalès, ce qui persiste invariable sous la variabilité des phénomènes, à savoir, *le sujet et la substance des phénomènes*. « Les Pythagoriciens, dit encore Aris-
« tote, semblent considérer leurs principes sous le
« point de vue de la matière ; car ils disent que
« ces principes constituent le fonds dont se com-
« posent et sont formés les êtres (1). »

(1) *Mét.*, I, 6.

Les nombres, tels que les conçoit l'école, ne sont pas séparés des choses : ce sont les êtres eux-mêmes (1); ils sont même matérialisés, puisqu'ils sont pourvus de l'étendue. « Les Pythagoriciens, « dit Aristote, ont introduit cette doctrine qui leur « est propre, savoir, que le fini, l'infini et l'unité ne « sont pas des qualités distinctes du sujet où ils se « trouvent, comme le feu, la terre et tout autre « principe semblable sont distincts de leurs qualités, « mais qu'ils constituent l'essence même des choses « auxquelles on les attribue, de sorte que le nom-« bre est l'essence de toutes choses (2). »

Il reste donc démontré que le nombre est, pour l'école de Pythagore, la substance des êtres. Les Ioniens, du moins, avaient distingué le feu, la terre, de leurs attributs, l'infini et l'immensité. Les Pythagoriciens, égarés par l'abstraction, vont jusqu'à confondre le sujet et l'attribut, et à faire des nombres, savoir, des rapports et de l'attribut, la substance même des choses et les êtres eux-mêmes.

La critique moderne a pressé, sur les indications mêmes de la *Métaphysique*, toutes les conséquences de la doctrine pythagoricienne, et ces conséquences,

(1) *Mét.*, I. 6; XII, 6.
(2) *Id.*

les voici : « L'école italique, dit M. Ravaisson (1),
« ne songe encore qu'à la nature; elle n'aspire
« guère elle-même avec ses principes incorporels
« en apparence qu'à expliquer le monde sensible.
« Dans des essais imparfaits de définition, elle
« prend pour essence le nombre ; mais elle ne fait
« des nombres qu'une matière dont elle compose
« des réalités... Son principe semblait propre, dit
« Aristote, à porter à ce qu'il y a de plus haut parmi
« les êtres, et elle n'en fait usage que dans les li-
« mites de l'existence visible. Elle a de la méta-
« physique une inspiration secrète; son intention,
« sa volonté ne dépassent pas la physique. Bien plus,
« la théorie pythagoricienne n'est qu'une *forme*
« *mathématique d'atomisme.* Elle résout les corps
« en nombres, les nombres en unités, derniers
« principes de l'étendue, et elles-mêmes étendues.
« Ne sont-ce pas là les *atomes de Démocrite?* Re-
« montant aux principes les plus généraux de la
« philosophie italique, nous y retrouvons encore,
« comme dans les origines de l'atomisme ionien,
« l'idée de l'opposition des principes et de la com-
« binaison mécanique des contraires : le monde
« partagé entre la lumière et les ténèbres, le bien
« et le mal, et jusque dans le sein de l'unité, source

(1) *Mét. d'Aristote*, t. I, p. 271-272.

« première de tout le reste, la contradiction du « pair et de l'impair, de l'infini et du fini. »

Les Pythagoriciens ne seraient au fond que des atomistes déguisés en mathématiciens. C'est l'ionisme encore, partant de l'observation sensible, plus la conception mathématique ou géométrique appliquée à la substance matérielle.

Mais n'est-ce pas un incontestable progrès que de s'être élevé au-dessus du concret, d'avoir vu que la matière ne saurait se suffire à elle-même, qu'elle ne se tient et n'est en ordre que par les formes et les lois qui la dominent ? Aristote, à ce point de vue supérieur, justifiait tout à l'heure les Pythagoriciens, en admettant avec eux, dans une certaine mesure,

Que la raison de toute harmonie est dans les nombres.

On le voit donc : si l'on sait s'en tenir aux portions incontestables et incontestées de la doctrine pythagoricienne, tout en faisant une juste part à la faiblesse et à la grandeur de cette école, à ce qui la rapproche des Ioniens et à ce qui l'en sépare, il y a nécessité de conclure qu'il ne faut y chercher

Ni l'âme spirituelle et psychologiquement observée,

Ni la cause efficiente,

Ni la cause infinie.

Les nombres pythagoriciens sont des formes et des lois ; il y a dans la nature des formes géométriques, des formes mathématiques, des lois physiques pouvant s'exprimer mathématiquement. Ce point de vue était vrai, et c'est un mérite aux Pythagoriciens de s'y être placés. La matière est soumise à des formes constantes ; c'est ce qui produit le mouvement régulier du ciel et la succession permanente des genres et des espèces, toujours semblables à eux-mêmes. — Mais cette matière, qui l'a faite? Quel est son degré de réalité? Ces formes vraies, mathématiques, éternelles même, si l'on veut, à titre d'idées et de conceptions, où résident-elles de toute éternité? Qui les impose à la matière? Quelle est la cause qui, l'œil fixé sur ces modèles, façonne la matière conformément aux types éternels? — Voilà ce que les Pythagoriciens n'ont pas aperçu, voilà ce qu'il appartenait à Platon, à la lumière même de leurs doctrines, de concevoir plusieurs siècles plus tard.

III.

Les Éléates.

Il y a deux éléments à distinguer dans l'éléatisme : l'élément ionien, l'explication du monde par une hypothèse physique, telle qu'elle se trouve dans Xénophane ; l'élément, proprement éléatique, dont le même Xénophane a sans doute conçu le premier la pensée (1), mais qui n'a trouvé sa forme distincte et son plein développement que dans le plus grand disciple de Xénophane, dans Parménide.

Les termes dans lesquels Platon parle de Par-

---

(1) *Métaph.*, I, 5 :

Ξενοφάνης — εἰς τὸν ὅλον οὐρανὸν ἀποβλέψας τὸ ἓν εἶναί φησι τὸν Θεόν.

Aristote ne pouvait caractériser avec plus de précision le panthéisme indécis et confus de Xénophane. — V. Cous., Nouveaux fragments philos., p. 9.

ménide prouvent tout d'abord qu'il faut faire une certaine estime de sa doctrine.

« Parménide me paraît tout à la fois *respecta-*
« *ble et redoutable*, pour me servir des termes
« d'Homère.

« Je l'ai fréquenté, moi fort jeune, lui étant
« fort vieux, et il m'a semblé qu'il y avait dans
« ses discours une profondeur tout à fait géné-
« reuse (1). »

Il l'appelle ailleurs le *grand* Parménide.

« Or, voici, mon cher enfant, ce que le grand
« Parménide nous enseignait jadis, quand nous
« étions à ton âge, et au commencement et à la
« fin de ses leçons, en prose et en vers (2). »

Quelle était donc la doctrine de Parménide ?

Aristote va nous l'apprendre :

« Parménide, nous dit-il, persuadé que, hors de
« l'être, le non-être n'est rien, pense que l'être est
« nécessairement un, et qu'il n'y a rien autre chose
« que l'être; mais, forcé d'expliquer les appa-
« rences, d'admettre la pluralité donnée par les
« sens en même temps que l'unité conçue par la
« raison, il pose, outre le principe de l'unité, deux

---

(1) Théétète, p. 184, A, ed. Stall.....
Παρμενίδης δέ μοι φαίνεται τὸ τοῦ Ὁμήρου, αἰδοῖος τέ μοι ἅμα δεινός τε. Ξυμπροσέμιξα γὰρ δὴ τῷ ἀνδρὶ πάνυ νέος πάνυ πρεσβύτῃ, καί μοι ἐφάνη βάθος τι ἔχειν παντάπασι γενναῖον.

(2) *Le Sophiste*, Stal. E, 83 ; tr. C., X, 222.

« autres causes, le *chaud* et le *froid*, savoir, le
« feu et la terre. A ces deux principes, il rapporte
« l'un, le chaud, à l'être; et l'autre, le froid, au
« non-être (1). »

Ces *principes matériels*, ce froid et ce chaud,
ne sont évidemment qu'une concession tardive
faite à l'imagination, à l'opinion vulgaire; au
fond, sa doctrine consiste à n'admettre que l'*un*,
et à rejeter toute pluralité.

« Les Éléates s'enferment dans l'unité. Ce n'est
« plus l'unité de matière des premiers physiciens,
« la substance d'où se développent les phéno-
« mènes; c'est l'*unité de l'être*, hors duquel il n'y
« a rien, et qui demeure éternellement immobile
« dans son identité. La nature, livrée au combat
« des principes contraires, qui se mêlent et se sé-
« parent sans changer, n'est plus qu'une apparence,
« objet de l'opinion incertaine; la raison ne re-
« connaît que l'UNITÉ ABSOLUE (2) »

Voilà la vraie théorie de Parménide, telle
qu'elle ressort du texte même d'Aristote et des
fragments de Parménide (3).

Son tort grave est d'avoir placé au sommet de

(1) *Mét.*, I, 5.
(2) Ravaisson, *Mét. d'Arist.*, t. I, p. 273.
(3) Riaux, *Essai sur Parménide d'Élée*, suivi du texte
et de la traduction des fragments.

la science une abstraction pure, puisque son *un*, son infini, n'a pas d'attributs et exclut la pluralité. En niant les objets sensibles, elle servait la fortune des sophistes qui se jouaient des contradictions de l'expérience sensible et de la raison humaine; il suffisait d'opposer à son unité absolue, pour en faire justice, le spectacle incessant et renouvelé des phénomènes, l'indestructible croyance du genre humain à leur réalité.

Le mérite de Parménide est d'avoir fondé la dialectique rationnelle dont Pythagore n'avait fait qu'un usage borné, et d'avoir, à l'aide de la dialectique, mis en lumière la notion de l'*un*, de l'infini, confondue chez Pythagore avec celle de nombre et de quantité. Soumettant cette idée à une analyse subtile, Parménide a fait un effort puissant, et, comme dit Platon, généreux (παντάπασι γενναῖον), pour affranchir la notion de l'être absolu de toute condition sensible, le concevoir et le décrire dans toute sa pureté.

Ce beau vers sur l'éternité divine, immobile dans l'espace et dans le temps,

Οὔ ποτ' ἔην οὐδ' ἔσται, ἐπεὶ νῦν ἔστιν ὁμοῦ πᾶν
ἓν ξυνεχές..... (1),

n'est-il pas comme un prélude du célèbre pas-

(1) Parm. fragm., ed. R., v. 61-62.

sage du *Timée* où l'Être éternel est décrit, dans un magnifique et solennel langage, comme supérieur à toutes les formes et à toutes les vicissitudes du temps (1)?

(1) C. XII, 130 :
« La nature du modèle était éternelle, et le caractère d'é-
« ternité ne pouvait s'adapter entièrement à ce qui a com-
« mencé ; Dieu résolut donc de faire une image mobile de
« l'éternité ; et, par la disposition qu'il mit entre toutes les
« parties de l'univers, il fit de l'éternité, qui repose dans l'u-
« nité, cette image éternelle, mais divisible, que nous appe-
« lons le temps. »

IV.

Anaxagore.

La Théodicée va faire un nouveau pas avec Anaxagore.

Physicien, observateur des choses sensibles, ainsi que tous les philosophes de l'école d'Ionie, c'est la matière qu'Anaxagore étudie et interroge d'abord pour y trouver l'explication des phénomènes et des changements de l'univers. Dans son *Traité de la nature*, cité par Simplicius (1), il décrivait un état primitif où tous les éléments étaient confondus : ὁμοῦ πάντα χρήματα ἦν. « Voyant que « tout vient de tout, et que les contraires naissent « des contraires, il disait qu'il y avait mélange de

---

(1) *Simplic. in phys. Arist.*, f. 33 B. — Plat. (ed. Stall.), Phéd. C. 27 ; C. I, 218.

« toutes choses (1). » Le phénomène de la nutrition lui servait à prouver le point fondamental de sa doctrine : le pain produit la chair, du sang, des os ; il les renfermait donc déjà ; l'assimilation n'est qu'un dégagement (2). Ce chaos primitif se compose d'une multitude infinie de parties semblables et homogènes (ὁμοιομέρη, homéoméries), qui sont éternelles. Mais l'infini, immobile de sa nature, serait resté éternellement en repos sans l'intervention d'une force, d'un esprit, d'une intelligence organisatrice.

Saluons ici avec Aristote cette première apparition d'un esprit (νοῦς), d'une cause intelligente et organisatrice substituée aux causes jusqu'alors aveugles de l'univers :

« Lorsque vint un homme (Anaxagore) qui dé-
« clara que dans la nature, aussi bien que dans les
« animaux, il y a une intelligence, cause de tout
« ordre et de toute harmonie; cet homme parut
« seul avoir conservé la raison au milieu des folies
« de ses prédécesseurs (3). »

Le moment était en effet venu de chercher le principe moteur en dehors de la matière : « Le
« principe matériel ne se suffisant point, les suc-

(1) Arist., *Phys.*, III, 4 et *passim*.
(2) Plut., *de Placit. philos.*
(3) *Mét.*, I, 3.

« cesseurs de ceux qui l'avaient adopté, forcés
« par la vérité elle-même à aller plus loin, recou-
« rurent au second principe (1). »

Quelle était la vraie nature de ce principe? N'é-
tait-il qu'une substance semblable à elle-même
(ὅμοιος), très-subtile (λεπτότατος) (2); ou avait-il les
véritables attributs de l'esprit, l'immatérialité (ἀσώματον), la spiritualité (3)? Nous devons recueillir
avec respect le témoignage d'Aristote :

« Anaxagore dit que tout est mêlé, excepté l'in-
« telligence, qui est pure et sans mélange. Il faut
« donc qu'il reconnaisse pour principes l'unité d'a-
« bord; car c'est bien là ce qui est simple et sans
« mélange, et, d'un autre côté, quelque chose
« ainsi que nous désignons l'indéfini avant qu'il
« soit défini et participe d'aucune forme. »

Pure, simple et sans mélange, l'intelligence
(νοῦς) produit le mouvement; « elle ne peut mou-
« voir qu'à condition d'être elle-même immobile,

---

(1) Diog. Laer., *Vie d'Anaxag.* : Πρῶτος τῇ ὕλῃ νοῦν ἐπέ-
στησεν. — *Mét.*, I, 3.

(2) Le νοῦς est un et simple, d'après Aristote, *Mét.*, 1, 6,
7; *de Anim.*, I, 2; pur, simple et sans mélange, d'après Jean
Philopon., *in Arist. de Anim.*, f. 9 : Τοῦτον τὸν νοῦν καθαρὸν
ἔλεγε καὶ ἀπαθῆ καὶ ἀμιγῆ, τοῦτ' ἔστιν ἀσώματον.

(3) *Ecl. phys.*

« et pouvoir (ou ce qui est la même chose, connaî-
« tre), qu'à condition d'être simple (1).

« Elle est ordonnatrice des lois de l'univers,
« puisque, en apportant le mouvement au sein du
« chaos, elle a tout réglé : ce qui devait être, ce
« qui a été, ce qui est actuellement, et ce qui
« sera (2). »

On ne saurait toutefois lui assigner le caractère de Providence, en présence des deux grands témoignages de Platon et d'Aristote qui s'accordent tous deux pour reprocher au philosophe de Clazomène de n'avoir pas su faire usage du grand principe auquel il s'était élevé par la contemplation de l'univers.

« Ces philosophes, dit Aristote, ressemblent à
« des soldats mal exercés; ils frappent souvent de
« beaux coups; mais la science n'est pour rien
« dans leur conduite. . . . . . *Anaxagore* se sert
« de l'intelligence comme d'une machine pour la
« formation du monde; et quand il est embarrassé
« d'expliquer pour quelle cause ceci ou cela est
« nécessaire, alors il produit l'intelligence sur la
« scène; mais, partout ailleurs, c'est à toute au-

(1) *Phys.*, VIII, 5.
(2) Simplic., *in Phys. Arist.*:
Καὶ ὁποῖα ἔμελλεν ἔσεσθαι, καὶ ὁποῖα ἦν, καὶ ὅσα νῦν ἐστι, καὶ ὁποῖα ἔσται, πάντα διεκόσμησε νοῦς.

« tre cause plutôt qu'à l'intelligence qu'il attribue
« la production des phénomènes (1). »

Platon est plus explicite encore, et déclare que dans la théorie d'Anaxagore c'est le hasard, et non le principe du bien, qui le plus souvent gouverne l'univers. Nous reproduisons ses belles paroles; elles ont un intérêt solennel dans la bouche de Socrate qui va mourir (2) :

« Ayant entendu quelqu'un lire dans un livre
« qu'il disait être d'Anaxagore, que l'intelligence
« est la règle et le principe de toutes choses, j'en
« fus ravi d'abord; il me parut assez beau que l'in-
« telligence fût le principe de tout. S'il en est ainsi,
« disais-je en moi-même, l'intelligence ordonnatrice
« a tout disposé *pour le mieux.* Si donc quelqu'un
« veut trouver la cause de quelque chose, ...
« il n'a qu'à chercher la meilleure manière dont
« elle peut être. . . . . . Je me réjouissais de cette
« pensée, croyant avoir trouvé dans Anaxagore

---

(1) *Mét.*, I, 24 ; III, 14.

(2) *Phædon*, St. C. 36 ; C. I, 278. Cf. Phæd., Hipp. Maj., Cratyl., Gorg., I Alcib. :

Ἀλλ' ἀκούσας μέν ποτε ἐκ βιβλίου τινός, ὡς ἔφη, Ἀναξαγόρου ἀναγιγνώσκοντος καὶ λέγοντος, ὡς ἄρα νοῦς ἐστιν ὁ διακοσμῶν τε καὶ πάντων αἴτιος, ταύτῃ ἤδη τῇ αἰτίᾳ ἥσθην τε καὶ ἔδοξέ μοι τρόπον τινὰ εὖ ἔχειν τὸ τὸν νοῦν εἶναι πάντων αἴτιον, καὶ ἡγησάμην, εἰ τοῦθ' οὕτως ἔχει, τόν γε νοῦν κοσμοῦντα πάντα κοσμεῖν καὶ ἕκαστον τιθέναι ταύτῃ, ὅπῃ ἂν βέλτιστα ἔχῃ. . . . .

« un maître qui m'expliquerait la cause de toutes
« choses..... Je ne croyais pas qu'après avoir
« avancé que c'est l'intelligence qui a ordonné les
« astres, il pût assigner une autre cause de leur
« ordre réel que sa bonté et sa perfection......
« Je lus ses livres le plus tôt que je pus, impatient
« de posséder la science du bien et du mal ; mais
« combien me trouvai-je bientôt déchu de mes es-
« pérances, lorsqu'en avançant dans cette lecture,
« je vis un homme *qui ne faisait aucun usage de*
« *l'intelligence*, et qui, au lieu de s'en servir pour
« expliquer l'ordonnance des choses, *met à sa*
« *place l'air, l'éther, l'eau, et d'autres choses aussi*
« *absurdes.* »

Ainsi Anaxagore, après s'être élevé à cette doctrine du νοῦς, si supérieure à toutes les cosmogonies des Ioniens, retomba bientôt dans leurs hypothèses physiques ; épuisé par son premier effort, il s'arrêta à la conception d'une intelligence uniquement appliquée à l'ordre extérieur des choses ; il n'y saisit pas le caractère de la moralité, de la Providence qui a tout disposé *pour le mieux* dans l'homme et dans la nature (1). Placé entre

---

(1) **Platon dit dans le *Timée* (Stallb., c. 509 ; C. XII, 117) :**

Ὁ μὲν γὰρ κάλλιστος τῶν γιγνόντων, ὁ δ' ἄριστος τῶν αἰτίων.

« Le monde est la plus belle des choses qui ont un coml'ionisme qui vivait encore, et une philosophie, plus voisine de l'homme et de la conscience, qui naissait à peine, pouvait-il aller au delà de sa conception de l'intelligence ordonnatrice des phénomènes sensibles (1)? Avoir reconnu une cause intelligente, motrice, immobile, impassible au milieu du mouvement qu'elle produit, pure, simple et sans mélange, c'est là une part assez belle dans l'histoire de la pensée. Restait à remonter à la source d'où proviennent ces grandes notions, à les éclairer à la lumière même de la faculté qui les produit; restait à déterminer la méthode psychologique d'une part, et la méthode rationnelle de l'autre, afin de réunir tous les traits de la cause supérieure que

« mencement, et son auteur *la meilleure de toutes les causes*.
« Le monde a donc été formé d'après un modèle intelligible,
« raisonnable, et toujours le même; d'où il suit que le monde
« est une copie. »
— « L'idée la meilleure que l'espèce humaine se fût encore
« formée de Dieu était celle d'une intelligence, le νοῦς d'A-
« naxagoras. Anaxagoras expliquait par le νοῦς *comment* le
« monde a été formé tel qu'il est, ordonné et expliqué dans
« toutes ses parties. Platon explique *pourquoi* le monde a
« été ainsi formé, et il en donne la vraie raison, à savoir
« une intelligence douée de bonté, qui se complaît à se ré-
« pandre hors d'elle-même, et à communiquer ses divins at-
« tributs. » (Note, p. 341.)

(1) « Anaxagore, dit Aristote (Mét. I') a vu et n'a pas vu
« la vérité. »

l'homme conçoit en partant de la cause personnelle lorsque, « s'élevant, par delà les causes fi-« nies, à l'idée d'une cause parfaite, il entrevoit « et adore, parmi les impénétrables profondeurs « de sa nature infinie, ceux de ses attributs dont « elle a répandu sur la face de l'univers l'éclatant « témoignage, et ces perfections plus saintes en-« core dont nous retrouvons en notre âme quel-« ques rayons obscurcis : la sagesse, la justice, la « félicité (1). » — C'est le rôle même qu'auront à remplir et qu'accompliront en partie, dans les limites de la raison humaine, les deux philosophes dont nous avons encore à parler : Socrate et Platon.

(1) E. Saisset, *Critique de la philosophie positive.*

V.

Socrate.

Socrate fait du γνῶθι σεαυτὸν (1) la devise de la philosophie; cela veut dire que désormais le fondement de toute spéculation, de toute conception, est dans la conscience. Savoir que l'on ne sait rien, avoir la science de son ignorance dans le sens même où Socrate explique l'oracle de la Pythie (2); voilà le premier degré de la sagesse; se connaître soi-même, en est le second.

Les questions métaphysiques lui semblent con-

---

(1) Xénoph., *Mém.*, l. IV, ch. 2, p. 403 (éd. Krühner). — Platon (Stall.), *Protagoras*, B, 119.

(2) Plat., *Apologie*. — « Chéréphon, étant allé à Delphes, eut la hardiesse de demander à l'oracle s'il y avait un homme plus sage que Socrate; la Pythie lui répondit qu'il n'y en *avait aucun.* »

séquemment vaines et stériles (1); il n'admet même pas l'utilité des sciences (2); une seule science a du prix à ses yeux : c'est la science de l'homme, et encore la science de l'homme moral.

Nous le voyons, fidèle à ce principe, entretenir constamment ses disciples de questions morales, à l'exclusion des recherches sur les principes universels des choses. Socrate, dit Xénophon, n'avait pas la manie d'embrasser tout ce qui existe, de rechercher l'origine de ce que les sophistes appellent la nature, et de remonter aux causes nécessaires qui ont donné naissance aux corps célestes. Renfermé dans les questions qui ont l'homme pour objet, il examinait « ce qui est pieux, ce qui « est impie, ce qui est honnête ou honteux, ce

---

(1) *Mém.*, l. I, ch. 1, p. 52. — Ἐθαύμαζε δὲ εἰ μὴ φανερὸν αὐτοῖς ἐστὶν, ὅτι ταῦτα οὐ δυνατόν ἐστιν ἀνθρώποις εὑρεῖν.

(2) Xénoph., *Mém.* IV. « Qu'on apprenne, disait-il, assez de géométrie pour savoir, au besoin, mesurer exactement une terre qu'on veut vendre ou acheter; pour diviser en portions un héritage, ou pour distribuer le travail aux ouvriers. Cela est si facile, ajoutait-il, pour peu qu'on s'y applique, qu'on ne se trouvera jamais embarrassé sur aucune mesure, et qu'on pourrait prendre les dimensions de la terre entière. Mais *il n'approuvait pas qu'on s'élevât jusqu'aux difficultés de cette science;* et quoiqu'il ne les ignorât pas lui-même, il disait qu'elles pouvaient occuper toute la vie d'un homme, le détourner des autres études utiles, et qu'il n'en voyait pas l'utilité. »

« qui est juste ou injuste, ce que c'est que la
« sagesse, ce qui fait le courage et la pusillan -
« mité (1)...» Il répondait à qui voulait l'engager
dans des subtilités mythologiques :

« Je n'ai pas de loisir. Pourquoi? C'est parce que
« j'en suis encore à accomplir le précepte de l'o-
« racle de Delphes : CONNAIS-TOI TOI-MÊME; » et,
quand on en est là, je trouve bien plaisant qu'on
ait du temps de reste pour les choses étrangè-
res (2).

Mais il y a une méthode pour se connaître soi-
même : c'est la *maïeutique* ou art d'accoucher les
esprits, qui n'est pas autre chose que le développement du γνῶθι σεαυτὸν, c'est-à-dire le retour régulier de l'homme sur lui-même pour dégager et
faire luire à l'esprit et les notions et les principes
déposés au sein de la conscience. Or, si la philosophie est la connaissance de soi, elle est aussi
vaste que la conscience humaine; elle embrasse
donc les idées, les sentiments, les espérances qui
sont au sein de la conscience; idées, sentiments,
espérances qui portent jusqu'à l'infini, qui embras-
sent avec l'homme Dieu et la nature; c'est-à-dire

---

(1) *Mém.*, l. I, c. 1, p. 55 :

Αὐτὸς δὲ περὶ τῶν ἀνθρωπείων ἀεὶ διελέγετο, σκοπῶν τί εὐσε-
βές, τί ἀσεβές· τί καλὸν, τί αἰσχρόν· τί δίκαιον, τί ἄδικον,.....

(2) *Phæd.*, 574, E.

que les problèmes métaphysiques, un instant écartés, viennent se poser encore, et que la psychologie elle-même conduit nécessairement à une théodicée.

Socrate était amené, par son principe comme par sa méthode, à prendre l'homme pour type de la cause, à concevoir la cause impersonnelle à laquelle l'élevait le principe de causalité, à l'image même de la cause personnelle, réelle, que lui donnait la conscience, tout en idéalisant au sein de Dieu les attributs d'intelligence, de volonté et d'amour de la personne humaine. Je viens d'indiquer ici, d'après l'antiquité, les traits mêmes de sa théodicée, où la preuve de l'existence de Dieu est fondée tout à la fois sur les causes finales et sur les lois morales.

Dieu est conçu par Socrate comme une providence qui s'étend à tout l'univers, mais qui se fait surtout sentir à l'homme. La démonstration de cette vérité est le fond de son entretien avec Aristodème, rapporté par Xénophon (*Mém.*, I, 4).

Socrate y prouve que le monde est l'œuvre d'une intelligence (γνώμης ἔργα), d'un être qui agit pour une fin avec une merveilleuse prévoyance, d'un ouvrier plein de sagesse et d'amour pour ses ouvrages, σοφοῦ τινὸς δημιουργοῦ καὶ φιλοζώου. Socrate glorifie ensuite l'universelle providence de Dieu, τὴν τοῦ Θεοῦ φρόνησιν, laquelle prend soin de tout,

3.

πάντων ἅμα ἐπιμελεῖσθαι ἱκανὴν, qui voit tout d'un coup d'œil, entend tout, est partout présente et partout souveraine.

L'entretien de Socrate avec Euthydème reproduit le même raisonnement. La Providence y est démontrée par l'harmonie singulière qui existe entre les lois de l'univers et les besoins de l'homme.

Après avoir décrit cette harmonie, « toutes choses, dit-il, sont pleines d'amour pour les hommes, πάνυ, ἔφη, καὶ ταῦτα φιλάνθρωπα. » Vient ensuite un hommage sublime à ce Dieu suprême, placé au-dessus de tous les dieux, qui réunit en lui toutes les perfections, et qui, invisible, fait sentir sa présence dans tout l'univers.

« Ce Dieu est véritablement occupé de grandes choses, mais nous ne le voyons pas gouverner... οὗτος τὰ μέγιστα μὲν πράττων ὁρᾶται, τὰ δὲ οἰκονομῶν ἀόρατος ἡμῖν ἐστιν (1). »

Socrate prouvait aussi l'existence de Dieu en se fondant sur l'évidence des lois morales (2), lois universelles qu'il appelait *lois non écrites*, νόμους

(1) *Mém.*, l. IV.
« Considérez que le soleil, qui semble exposé à tous les « regards, ne permet pas qu'on le regarde fixement. »
C'est l'idée même que Platon développera dans son allégorie de la Caverne. V. p. 47-48.
(2) V. l'entretien avec Hippias, à la suite de l'entretien avec Euthydème.

ἀγράφους. Ces lois, n'étant pas l'œuvre du législateur humain, prouvent l'existence d'un divin législateur, βελτίονος ἢ κατ' ἄνθρωπον νομοθέτου.

Nous le voyons, Socrate ne cherchait point à construire la science de Dieu ; il considérait Dieu au point de vue de l'homme, au point de vue moral. La notion de cause et l'application du principe de causalité l'avaient conduit à une conception forte et originale, dont la lumière faisait ressortir les erreurs et toutes les imperfections de la notion divine donnée jusqu'à ce jour par la philosophie. Dieu n'est plus une force aveugle, comme dans Héraclite; une unité abstraite, comme dans Pythagore et Parménide; il n'est plus seulement une intelligence et un ordonnateur physique, comme dans Anaxagore; il est le Dieu bon, le Dieu aimable et redoutable, le Dieu de la conscience, le Dieu du cœur, le type de la perfection morale; il est, pour prendre les termes mêmes de Socrate, intelligence, providence, sagesse, ouvrier sage, *ami de la vie*, *ami de l'homme*, *monothète suprême*.

Il ne manquait à une pareille conception philosophique, pour être complète, que la notion de l'infini; Socrate a eu la gloire de la préparer par la méthode d'induction (τοὺς ἐπακτικοὺς λόγους), dont il est l'inventeur, et par le perfectionnement qu'il apporta dans l'usage rigoureux des définitions (τὸ ὁρίζεσθαι καθόλου), art presque ignoré jusqu'à lui (1).

L'induction est le procédé même de la *maïeutique;* c'est le moyen d'interroger les esprits, de dégager de la conscience et d'amener à la lumière les vérités qui y étaient enveloppées de ténèbres ; il s'agit pour cela de prendre successivement les faits particuliers, de les réunir, de les comparer, de chercher ce qu'ils ont de commun et de fixe ; déterminer l'essence des choses [τί ἕκαστον εἴη τῶν ὄντων (2)] ; obtenir des vérités générales, définies, démontrées : voilà le suprême objet de la sagesse. Socrate a donc, le premier, procédé régulièrement à la recherche de l'universel, qui est le véritable objet de la science. — Aristote indique, dans une page admirable de sa Métaphysique, la limite même où Socrate s'arrêta, en disant que Platon a tout gâté en faisant, des conceptions générales de Socrate, des êtres en soi ; ce qui veut dire que Socrate ne dépassa pas la conscience humaine, et que Platon, avec la méthode de Socrate agrandie et développée, entreprit de

(1) *Mém.*, IV, 6.
(2) *Id., ibid.*

sortir de la conscience humaine pour s'élever à l'essence et au principe des choses (1).

(1) Σωκράτους δὲ περὶ τὰς ἠθικὰς ἀρετὰς πραγματευομένου, καὶ περὶ τούτων ὁρίζεσθαι καθόλου ζητοῦντος πρώτου......... Δύο γάρ ἐστιν, ἅ τις ἂν ἀποδώῃ Σωκράτει δικαίως, τούς τ' ἐπακτικοὺς λόγους, καὶ τὸ ὁρίζεσθαι καθόλου. Ταῦτα γάρ ἐστιν ἄμφω περὶ ἀρχὴν ἐπιστήμης. Ἀλλ' ὁ μὲν Σωκράτης τὰ καθόλου οὐ χωριστὰ ἐποίει, οὐδὲ τοὺς ὁρισμούς· οἱ δ' ἐχώρισαν καὶ τὰ τοιαῦτα τῶν ὄντων ἰδέας προσηγόρευσαν. (*Mét.*, XIII, 4.)

DEUXIÈME PARTIE.

De l'idée de Dieu dans Platon.

I.

Platon.

Exposition de la preuve de l'existence de Dieu dans Platon.

Il y a dans Platon deux preuves de l'existence de Dieu : la preuve socratique, développée dans le 10ᵉ livre des *Lois*, qui repose sur le principe de causalité et sur les causes finales; la preuve, proprement dite platonicienne, inscrite dans toutes les pages des grands dialogues, particulièrement dans le 6ᵉ livre de la *République*, et qui est fondée sur la dialectique.

Dans les *Lois*, Platon prouve l'existence de Dieu par l'observation, en considérant le mouvement de la matière et l'ordre du mouvement dans l'univers. Dans la *République*, Platon s'élève à Dieu par l'intuition comme au premier principe des idées, source véritable de la pensée et de la vérité, αἰτίαν ἐπιστήμης καὶ ἀληθείας, véritable soleil du monde intelligible.

Platon, dans les *Lois*, fonde une cité, non pas un État idéal comme celui de la république, où ne pourraient habiter que des anges, mais un État fait pour des hommes. Cet État a pour base morale la religion; l'impiété est donc un crime punissable par les lois; mais, avant de punir l'impie, il le faut éclairer, et Platon, transformant un instant son législateur en philosophe, met dans sa bouche une démonstration de l'existence de Dieu, démonstration simple, toute de sens commun, marquée d'un caractère tout psychologique.

Le mouvement se voit, se manifeste dans le monde: c'est un effet; la cause qui le produit, est invisible: donc l'invisible existe avant le visible, l'esprit avant la matière, l'âme avant le corps.

On dira que la matière se meut par elle-même; mais ce qui se meut par soi, ce n'est pas un corps, c'est une âme; ce n'est pas la matière, c'est l'esprit. Il y a donc une âme du monde, il y a donc du divin, il y a donc des dieux, un Dieu, des puissances invisibles.

Platon prouve ensuite que cette âme du monde est intelligente, bonne; il prouve l'intelligence et la bonté de l'ouvrier par la régularité de l'ouvrage et le bel ordre qui éclate dans toutes ses parties, et s'élève à la conception du plan général de l'univers, où toutes les parties du monde sont disposées en vue du bien. « Le roi du monde a ima« giné, dans la distribution de chaque partie, le « système qu'il a jugé le plus facile et le meilleur, « afin que le bien eût le dessus et le mal le des« sous dans l'univers (1). » Cette harmonie et cette beauté du monde s'expliquent dans le *Timée* par le plan, le modèle antérieur que la cause unique et d'une perfection accomplie avait présent à la pensée, lorsqu'elle a, dans sa bonté infinie, produit et ordonné le monde (2).

(1) *Lois*, liv. X, St. B. 476. — C. X, 265.

Ταῦτα πάντα ξυνιδὼν ἐμηχανήσατο, ποῦ κείμενον ἕκαστον τῶν μερῶν νικῶσαν ἀρετήν, ἡττωμένην δὲ κακίαν ἐν τῷ παντὶ παρέχοι μάλιστ' ἂν καὶ ῥᾷστα καὶ ἄριστα.

(2) *Timée*, St. E. 509. — C. XII, 119.

Disons la cause qui a porté le suprême ordonnateur à produire et à composer cet univers. Il était bon, et celui qui est bon n'a aucune espèce d'envie. Exempt d'envie, il a

Mais nous venons de lire, dans l'argument du premier moteur, la pensée de Socrate sur l'existence de Dieu plutôt que celle de Platon lui-même. Quand Platon parle en son nom comme philosophe, et non comme législateur, au nom de la science plutôt qu'au nom du sens commun, il cesse de faire des raisonnements pour aller à Dieu ; c'est sur les degrés des idées, des vérités éternelles qu'il s'élève, par la dialectique, du monde réel au monde idéal, et du monde idéal à l'idéal suprême qui est Dieu.

La nature du procédé dialectique est de ramener une variété donnée à l'unité d'une seule idée (1) ; ce procédé consiste à rendre raison de l'essence de chaque chose (2), à embrasser les choses dans leur

voulu que toutes choses fussent, autant que possible, semblables à lui-même. Quiconque instruit par des hommes sages admettra ceci, comme la raison principale de l'origine et de la formation du monde, sera dans le vrai.

Ἀγαθὸς ἦν, ἀγαθῷ δὲ οὐδεὶς περὶ οὐδενὸς οὐδέποτε ἐγγίγνεται φθόνος.

(1) *Rép.*, St., liv. VI, B. 347. — C. X, 52.
Πολλὰ καλὰ, ἦν δ' ἐγώ, καὶ πολλὰ ἀγαθὰ καὶ ἕκαστα οὕτως εἶναί φαμέν τε καὶ διορίζομεν τῷ λόγῳ. — Φαμὲν γάρ. — Καὶ αὐτὸ δὴ καλὸν καὶ αὐτοαγαθόν, καὶ οὕτω περὶ πάντων ἅ τότε ὡς πολλὰ ἐτίθεμεν, πάλιν αὖ κατ' ἰδέαν μίαν ἑκάστου ὡς μιᾶς οὔσης τιθέντες, ὃ ἔστιν ἕκαστον προσαγορεύομεν.

(2) *Rép.*, liv. VII, St., B. 356.— C. X, 106.
Ἦ καὶ διαλεκτικὸν καλεῖς τὸν λόγον ἑκάστου λαμβάνοντα τῆς οὐσίας;

ensemble sous un point de vue général (1). Son point de départ est dans l'opposition, la contradiction des données sensibles. Platon divise les sensations en deux classes : celles qui n'invitent point l'esprit à la réflexion, parce qu'elles ne renferment aucune contradiction, et celles qui l'y invitent, parce qu'elles contiennent une contradiction (2). Les sens nous donnent toutes choses comme unes et comme multiples, comme grandes et comme petites, etc.; ils les présentent dans un état de mélange et de confusion ; l'entendement, la raison les saisit, dans un état de séparation, de distinction, de pureté, par conséquent d'ordre et d'harmonie. La dialectique (3) a précisément pour objet d'expliquer les contradictions des choses sensibles, de faire cesser l'étonnement qu'elles provoquent; de donner à l'intelligence une satisfaction qui ne résulte pas de la perception elle-même ; et pour éclaircir, par exemple, la confusion que nous apporte la vue en nous montrant la grandeur et la petitesse comme

---

(1) *Rép.*, St., C. 357. — C. X, 115.
Ὁ μὲν γὰρ συνοπτικὸς διαλεκτικὸς, ὁ δὲ μὴ, οὔ...

(2) *Rép.*, l. VII, c. 352.— Cous., X, 83.
Τὰ μὲν οὐ παρακαλοῦντα, ἦν δ' ἐγώ (τὴν νόησιν εἰς ἐπίσκεψιν) ὅσα μὴ ἐκβαίνει εἰς ἐναντίαν αἴσθησιν ἅμα· τὰ δ' ἐκβαίνοντα ὡς παρακαλοῦντα τίθημι, ἐπειδὰν ἡ αἴσθησις μηδὲν μᾶλλον τοῦτο ἢ τὸ ἐναντίον δηλοῖ.

(3) Janet, *Essai sur la dialectique de Platon* (1848).

des choses non séparées dans les objets, de considérer la grandeur et la petitesse en dehors des objets; de faire voir ce que la grandeur et la petitesse sont en elles-mêmes. Une pareille opération est toute rationnelle; le bien, le beau, l'essence des choses ne sauraient être atteints par la perception sensible. Il faut que l'homme, pour les connaître, s'affranchisse de toutes les conditions sensibles, « qu'il purifie l'âme, la sépare du corps,
« l'accoutume à se renfermer et à se recueillir en
« elle-même, et à vivre, autant qu'il est possible,
« et dans cette vie et dans l'autre, seule vis-à-
« vis d'elle-même, affranchie du corps comme
« d'une chaîne (1). » C'est ainsi que l'homme atteindra les idées, les essences, qu'il s'élèvera, par la partie la plus excellente de l'âme, à la contemplation du plus excellent de tous les êtres. Ἐπαναγωγὴ... τοῦ βελτίστου ἐν ψυχῇ πρὸς τὴν τοῦ ἀρίστου ἐν τοῖς οὖσι θεάν (2).

Mais n'anticipons pas; nous marcherons plus sûrement vers le dernier terme de la dialectique, qui est la connaissance de Dieu lui-même, lorsque nous en aurons déterminé tous les éléments.

La dialectique n'emprunte rien aux sensations, ἄνευ πασῶν τῶν αἰσθήσεων; elle ne s'appuie que

(1) *Phædon.*
(2) *Rép.*, VII.

sur la raison, διὰ τοῦ λόγου : la raison occupe une place dans la connaissance, et de là nécessité de parcourir avec Platon lui-même les degrés et les formes de la connaissance; l'un de ces degrés, l'une de ces formes, sera la connaissance par excellence, savoir Dieu lui-même.

La sensation ne donne pas la science (1); elle ne sert qu'à provoquer l'esprit, à rechercher le stable au delà du variable; la raison seule saisit le stable. Suivant Platon, il y a une sorte d'échelle de connaissances qui comprend quatre degrés (2) : les deux premiers degrés nous laissent dans le monde *sensible;* les deux autres nous élèvent dans le monde *idéal*.

Le degré inférieur dans la région du sensible, c'est la conjecture, εἰκασία, qui ne nous donne que des ombres de connaissances ; le degré supérieur, c'est la croyance ou la foi, πίστις, qui nous donne des opinions plus stables, mais non fondées en raison, des préjugés. Des sensations, des préjugés, voilà la région de la δόξα, de l'opinion, du vulgaire (3).

(1) *Théét.*
(2) *Rép.*, l. VI et VII.
(3) Platon résume ainsi lui-même sa théorie de la connaissance (*Rép.*, l. VII) :

Ἀρέσκει οὖν, ἦν δ' ἐγώ, ὥσπερ τὸ πρότερον, τὴν μὲν πρώτην μοῖραν ἐπιστήμην καλεῖν· δευτέραν δὲ τὴν διάνοιαν· τρίτην δὲ

Pour s'élever au-dessus de la région sensible, il faut se faire des notions précises et raisonner rigoureusement; c'est qui s'obtient par les mathématiques. Définir une hypothèse, en tirer les conséquences, voilà la διάνοια. Mais ce n'est point là connaître encore véritablement. La connaissance des principes, de ce qui est par soi, de ce qui se suffit, de ce qui est clair en soi, c'est la νόησις : voilà la vrai connaissance, la connaissance philosophique.

Platon éclaircit cette théorie par un exemple ingénieux. La vue peut, selon lui, connaître de quatre manières : 1° l'image des choses visibles dans un miroir, ainsi les ombres, les images; 2° les choses visibles elles-mêmes, les objets réels; 3° la lumière qui les rend visibles; 4° le soleil, principe de la lumière. De là l'allégorie (1) développée par Platon pour mieux faire comprendre la situation de l'homme par rapport à la science et à l'ignorance. Les captifs de la caverne voient : 1° l'ombre des êtres artificiels; 2° les êtres artificiels eux-mêmes; 3° la lumière du flambeau; 4° le flambeau lui-même. « L'antre « souterrain, ajoute Platon expliquant lui-même « son allégorie, c'est le monde visible. Le feu qui

πίστιν· καὶ εἰκασίαν, τετάρτην· καὶ ξυναμφότερα μὲν ταῦτα, δόξαν· ξυναμφότερα δ' ἐκεῖνα, νόησιν.

(1) *Rép.*, l. VII. C. X, 70, 104.

« l'éclaire, c'est la lumière du soleil : ce captif
« qui monte à la région supérieure et la contem-
« ple, c'est l'âme qui s'élève dans l'espace intel-
« ligible. Aux dernières limites du monde intel-
« lectuel est l'idée du *bien* qu'on aperçoit à peine,
« mais qu'on ne peut apercevoir sans conclure
« qu'elle est la cause de tout ce qu'il y a de beau
« et de bon; que, dans le monde visible, elle pro-
« duit la lumière et l'astre de qui elle vient direc-
« tement; que, dans le monde invisible, c'est elle
« qui produit directement la vérité et l'intelligence. »

Platon exprime encore la marche et les progrès de la dialectique, διαλεκτικὴ πορεία, dans ce
passage célèbre :

« Science toute spirituelle, la dialectique peut
« cependant être représentée par l'organe de la
« vue, qui s'essaye d'abord sur les animaux pour
« s'élever vers les astres, et enfin jusqu'au soleil
« lui-même. Pareillement, celui qui se livre à la
« dialectique, qui, sans aucune intervention des
« sens, s'élève par la raison seule jusqu'à l'es-
« sence des choses, et ne s'arrête point avant d'a-
« voir saisi, par la pensée, l'essence du bien,
« celui-là est arrivé au sommet de l'ordre intelli-
« gible, comme celui qui voit le soleil est arrivé
« au sommet de l'ordre visible (1). »

(1) *Rép.*, l. VII.....: Τί οὖν; οὐ διαλεκτικὴν ταύτην τὴν πο-
ρείαν καλεῖς;

Ainsi, au-dessus du monde visible il y a le monde intelligible ; au-dessus des sens et des préjugés, il y a le raisonnement et la raison.

Le raisonnement est au-dessus des sens, la raison au-dessus du raisonnement ; comme il y a au dessus des préjugés vulgaires les sciences, et au-dessus des sciences la science, la dialectique.

Les sens, le raisonnement, la science préparent l'âme à s'élever à Dieu. La raison seule, la dialectique l'atteint immédiatement ; d'où il suit que l'existence de Dieu est tout ensemble une vérité de raison évidente d'elle-même, supérieure au raisonnement, et que l'esprit a besoin d'y être préparé par un certain nombre d'exercices, par les sciences qui redressent les sens et forment le raisonnement (1).

Rien de plus simple et en même temps de plus profond que cette théorie de la connaissance. Platon l'a simplifiée encore en ramenant la foi (πίστις)

---

(1) Dans le septième livre de la *République*, Platon désigne les sciences qui facilitent à l'intelligence les moyens de s'élever progressivement à l'idée du bien ; il indique l'arithmétique (science des nombres invisibles), la géométrie des surfaces, l'astronomie, et la musique, sa sœur, comme disent les Pythagoriciens. — Après avoir étudié les sciences en particulier, il reste à les examiner dans leurs rapports, et cette étude comparative est le dernier degré pour s'élever à la science supérieure, à la dialectique.

et la conjecture (εἰκασία) à l'opinion (δόξα), et en admettant ainsi trois facultés intellectuelles : 1° les sens; 2° la raison discursive, la faculté de raisonner (διάνοια); 3° l'intelligence pure, la raison *intuitive* (νόησις), dont l'objet propre est d'atteindre les principes qui n'ont besoin d'aucune hypothèse, ce qui se suffit à soi-même (τό ἀνυπόθετον) (1).

Pour achever l'esquisse de cette théorie, il faut ajouter que la vraie connaissance est un ressouvenir de l'idéal, une réminiscence (ἀνάμνησις).

Platon constate que les sens nous découvrent des choses que nous jugeons égales (2); mais ces choses ne nous offrent qu'une certaine égalité, une certaine beauté. Notre esprit, à leur aspect, conçoit une égalité absolue, une beauté parfaite. Or, les sens ne donnent pas l'absolu; l'abstraction ne saurait le produire; serait-il inné, et serait-ce en entrant dans la vie, séjour des ténèbres (3), que nous découvririons la lumière? Reste que nous avons acquis autrefois dans une vie antérieure, l'idée de l'égalité parfaite; que nous avons déjà contemplé la beauté parfaite, beauté et égalité dont le monde ne peut

---

(1) *Rép.*, liv. VI, *passim :*
Ἵνα μέχρι τοῦ ἀνυποθέτου ἐπὶ τὴν τοῦ παντὸς ἀρχὴν ἰών...
Ἐπ' ἀρχὴν ἀνυπόθετον ἐξ ὑποθέσεως ἰοῦσα.
(2) *Phédon*, St. E. 27. — C. I, 223.
(3) Argument du *Phédon*; Cous., I, 166.

nous donner que d'imparfaites images, et que nous y pensons, que nous nous en ressouvenons, à l'occasion des objets sensibles (1).

Degagée du dogme platonicien d'une vie antérieure, en dehors du mythe qui la revêt particulièrement dans le *Phèdre*, et considérée à un point de vue psychologique, l'ἀνάμνησις est l'excitation et comme l'éveil de l'intelligence dans son degré le plus élevé, de la νόησις qui a l'intuition de l'être dans sa vérité comme dans sa lumière. L'esprit s'élève à l'être, à Dieu, principe du vrai; il en a l'intuition par la raison (νοήσις); l'âme aspire à lui, comme source de la beauté, par l'amour (ἔρως).

(1) *Phèdre*, St. B. 581. — C. VI, 55 :
« L'âme qui n'aurait jamais contemplé la vérité, ne pourrait en aucun temps revêtir la forme humaine. En effet, le propre de l'homme est de comprendre le général, c'est-à-dire ce qui, dans la diversité des sensations, peut être compris sous une unité rationnelle. — Or, c'est là *se ressouvenir* de ce que notre âme a vu dans son voyage à la *suite de Dieu*, lorsque, dédaignant ce que nous appelons improprement des êtres, elle élevait ses regards *vers le seul être véritable.* »

....

— *Phédon*, C. I, 226 :
« Avant que nous ayons commencé à voir, à entendre, et à faire usage de nos autres sens, il faut que nous ayons eu connaissance de l'égalité intelligible. »

L'amour est le mouvement de l'âme vers l'idée du beau, c'est-à-dire vers l'une de ces idées éternelles qu'il a été donné à l'âme d'apercevoir, lorsque, « initiés aux plus saints des mystères, « jouissant encore de toutes nos perfections, et « ignorant les maux de l'avenir, nous admirions « ces beaux objets, parfaits, simples, pleins de « béatitude et de calme, qui se déroulaient à nos « yeux au sein de la plus pure lumière, et, libres « encore de ce tombeau qu'on appelle corps, et que « nous traînons avec nous, comme l'huître traîne « la prison qui l'enveloppe (1). »

Toute beauté ici-bas est imparfaite, et n'est que l'ombre de la beauté; les degrés de l'amour répondent aux degrés de la beauté. Or, il y a deux beautés : l'une sensible et matérielle, l'autre idéale et intelligible; l'amour doit nous conduire de l'une à l'autre : c'est dans ce sens que l'amour est un maître excellent de philosophie (2), si la philosophie a pour objet principal de rattacher le fini à l'infini, le réel à l'idéal, l'homme à Dieu.

Platon admet en quelque sorte une échelle des degrés de l'amour, comme il a admis une échelle des degrés de la connaissance; à la δόξα, à la

(1) *Phèdre*, St. B. 581. — C. VI, 57.
(2) *Banquet*, St. E. 557. — C. VI, 248.
Ὅς οὐδέν φημι ἄλλο ἐπίστασθαι ἢ τὰ ἐρωτικά.

διάνοια et à la νόησις, correspondent en une certaine mesure ces trois degrés de l'amour : l'amour des choses sensibles, l'amour des belles âmes, et l'amour du beau absolu.

La beauté qui brillait parmi les autres essences est reconnue plus distinctement en ce monde que toutes les autres, par la vue qui est le plus lumineux de tous nos sens. « Mais l'homme qui n'a pas « la mémoire fraîche des saints mystères, dit Pla- « ton, ou qui l'a perdue entièrement, ne se re- « porte pas facilement vers l'essence de la beauté, « par la contemplation de son image terrestre. » Au lieu de la regarder avec respect, il est entraîné par d'impurs désirs (1). Tel est le premier degré de l'amour dans sa forme la plus grossière ; un amour plus pur s'élève de la beauté des corps à la beauté des idées et des sentiments, pour atteindre enfin l'éternelle beauté.

Aimer une belle âme est le second degré de l'amour. L'aimer, c'est s'unir à elle par la sagesse, la science et la vertu. — Mais la plus belle âme est imparfaite et mêlée d'ignorance, d'injustice et de faiblesse. Il faut donc en venir à aimer avant tout

---

(1) *Phèdre*, St. E. 581. — C. VI, 58.
Ὁ μὲν οὖν μὴ νεοτελὴς ἢ διεφθαρμένος οὐκ ὀξέως ἐνθένδε ἐκεῖσε φέρεται πρὸς αὐτὸ τὸ κάλλος, θεώμενος αὐτοῦ τὴν τῇδε ἐπωνυμίαν.

la parfaite sagesse, la parfaite justice, la parfaite sainteté, Dieu, sujet éternel de la beauté et objet éternel de l'amour. C'est là le troisième et dernier degré de l'amour. C'est la beauté en soi, τὸ καλὸν αὐτὸ καθ' αὑτὸ μεθ' αὑτοῦ μονοειδὲς ἀεὶ ὄν, τὰ δ' ἄλλα πάντα καλὰ ἐκείνου μετέχοντα (1).

Cette théorie de l'amour s'unit dans Platon à la théorie de la connaissance par la νόησις, qui connaît toutes les vérités éternelles, la vérité absolue, comme la beauté absolue, dont le bien en soi est le commun principe.

Platon les justifie l'une et l'autre par l'expérience.

C'est un fait qu'en présence du monde et en présence de nous-mêmes, quand nous nous servons de nos sens, nous trouvons dans ce monde l'être sous la condition du changement et de la limite. L'être paraît dans la nature et dans l'homme; mais il change sans cesse : il est toujours limité, imparfait, mêlé de néant, de non-être, c'est-à-dire de laideur, d'injustice, de souffrance.

C'est un autre fait qu'en présence de l'être changeant, limité, imparfait, mélangé, la raison conçoit l'être immuable, infini, parfait, pur. Ainsi devant la beauté mélangée, je conçois la beauté

(1) *Banquet.* — C. VI, 316.

sans tache; devant la justice chancelante et boiteuse, je conçois la justice absolue et infaillible; devant la science imparfaite, je conçois la science sans mélange d'ignorance, la science infinie.

Sont-ce là des abstractions arbitraires, ou des principes réels et substantiels? Ce sont des principes réels et substantiels, nécessairement conçus et nécessairement affirmés comme réels et substantiels.

Il est en effet évident que le fini a sa raison dans l'infini; l'être imparfait, dans l'être parfait; la copie, dans son modèle; la chose participée, dans la chose participante; ce qui paraît, dans ce qui est. Il y a donc une beauté absolue, une justice absolue, une science absolue, une sainteté absolue.

Maintenant la beauté, la justice, la science, la sainteté, sont-elles des essences, des idées séparées les unes des autres? Non; car chacune d'elles a sa raison et son fondement dans une perfection unique et définitive. Voilà l'essence des essences, le principe des principes, l'idée des idées. Voilà l'idée du bien, voilà Dieu, unité suprême à laquelle se rattachent toutes les idées,

τὸ ὄντως ὄν, τὸ ἀνυπόθετον, τὸ τέλειον, τὸ εὖ, αὐτὸ καθ' αὑτό,

qui est à la fois une intelligence qui embrasse toutes les intelligences, type, soleil du monde intelligible; et un être véritable qui produit toutes les essences; l'unité de toutes les essences, supérieure à l'essence en dignité et en puissance. En un mot, Dieu est le principe absolu de la pensée et de l'être : voilà le parfait, l'infini, l'être des êtres, le dernier mot de l'esprit humain et de la théodicée.

II.

Éléments de cette preuve.

La théodicée de Platon a son point de départ, comme celle de Socrate, dans la conscience humaine; elle s'élève en partant de la cause intelligente et intentionnelle de la conscience à la conception de la cause souveraine, principe de l'ordre dans le monde moral, source de toute harmonie dans le plan général de l'univers; mais ce n'est pas là qu'elle s'arrête. Le principe de causalité et le principe des causes finales de Socrate sont des principes solides et féconds pour conduire l'esprit humain de la nature visible aux principes invisibles qui la gouvernent; ils ne suffisent pas pour démontrer un Dieu unique et infini, principe absolu de toute vérité et de toute existence. C'est à Dieu ainsi conçu que Platon aspire, c'est l'essence même des choses, l'être en soi, qu'il cherche et qu'il atteint par la dialectique.

Sa théodicée réunit donc les trois éléments qui nous ont semblé nécessaires pour constituer une preuve sûre et complète de l'existence de Dieu : savoir, la notion et l'affirmation de la cause personnelle et spirituelle, la conception du principe de causalité, et la notion d'infini. Ce sont les trois éléments qu'il nous reste à préciser, à distinguer, et à mettre successivement en lumière dans la philosophie platonicienne.

Et d'abord, il est certain que Platon a fondé sa théodicée et sa philosophie tout entière sur une base psychologique.

Platon, à l'exemple de Socrate, commence par l'étude de l'âme; pour lui, comme pour son maître, le point de départ de toute perfection et de toute sagesse est dans la connaissance de soi-même.

Le *Premier Alcibiade* a pour objet de démontrer que la cause personnelle relative, déterminée (τὸ αὐτὸ ἕκαστον), doit être étudiée en elle-même avant d'être rapportée à son principe, αὐτὸ τὸ αὐτό; rien assurément de plus psychologique.

Platon ne se borne pas à affirmer l'âme (1), il

---

(1) *Timée*, C. XII, 125 : « L'homme a une âme, c'est Dieu qui l'a créée. »

la distingue avec soin du corps, pour en déterminer la nature; tous les maux de cette vie viennent, selon lui, du rapport de l'âme avec le corps, rapport qui entraîne avec lui la contradiction et l'erreur. « L'âme ne pense jamais mieux que lors-
« qu'elle n'est troublée ni par la vue ni par l'ouïe,
« ni par la douleur ni par la volupté, et que, ren-
« fermée en elle-même, et se dégageant, autant que
« cela lui est possible, de tout commerce avec le
« corps, elle s'attache directement à ce qui est
« pour le connaître (1). »

— « . . . . L'affranchissement de l'âme, sa
« séparation d'avec le corps, c'est l'occupation
« même de la philosophie (2).

Mais cette âme est-elle conçue par Platon comme cause libre? Deux preuves suffisent pour l'établir.

La première, c'est que l'homme a trois facultés (3), et que, de ces trois, il y en a une, l'acti-

---

(1) *Phédon*, C. I, 202.
(2) *Ib.*, 207.
(3) *Rép.*, St. IV, D. 327.—C. IX, 325:

Οὐ δὴ ἀλόγως ἀξιώσομεν αὐτὰ διττά τε καὶ ἕτερα ἀλλήλων εἶναι, τὸ μὲν ᾧ λογίζεται λογιστικοῦ προσαγορεύοντες τῆς ψυχῆς, τὸ δὲ ᾧ ἐρᾷ τε καὶ πεινῇ καὶ διψῇ καὶ περὶ τὰς ἄλλας ἐπιθυμίας ἐπτόηται ἀλόγιστόν τε καὶ ἐπιθυμητικόν, πληρώσεών τινων καὶ ἡδονῶν ἑταῖρον.

Τὸ δὲ δὴ τοῦ θυμοῦ καὶ ᾧ θυμούμεθα πότερον τρίτον, ἢ τούτων ποτέρῳ ἂν εἴη ὁμοφυές;

vité généreuse (θυμὸς) ou le courage qui n'est pas la raison, puisqu'il (1) la combat quelquefois; mais qui est susceptible de discipline, et capable de s'entendre avec la raison, et de lutter avec elle.

Ce θυμὸς n'est-il pas l'activité telle que nous l'entendons, spontanée et emportée quand la raison ne préside pas à ses élans, réfléchie et éclairée quand la raison la guide? La langue de Platon peut ici manquer de rigueur; mais elle exprime bien sous ses formes poétiques la liberté, attribut essentiel de l'âme. Son courage capable de réfléchir et de se

---

(1) *Rép.*, l. IV, St. B. 327. C. IX, 237; X, 185, 350.

« Ne remarquons-nous pas en plusieurs occasions que, lorsqu'on se sent entraîné par son désir malgré la raison, on se fait des reproches à soi-même; on s'emporte contre ce qui nous fait violence ultérieurement, et que, dans ce conflit qui s'élève comme entre deux personnes, la colère se range du côté de la raison. »

Platon dit encore dans le *Sophiste* (C. XI, 198) :

« Ne remarquons-nous pas dans l'âme des méchants une désunion entre les opinions et les désirs, entre le *courage* et les plaisirs, entre la raison et les chagrins; un conflit véritable entre tout cela? »

Le traducteur ajoute cette note :

« Θυμὸς, cette partie de l'âme qui est susceptible des émotions généreuses, et qui, bien qu'elle se rapporte au fond passionné de notre nature, est capable de résister aux passions vulgaires et aux plaisirs de la sensibilité. »

contenir, est déjà l'activité libre et maîtresse d'elle-même (1).

La seconde preuve que Platon reconnaît la liberté et l'indépendance de l'âme, c'est qu'il proclame à chaque instant dans ses principaux dialogues la responsabilité morale de l'homme, la loi du mérite et du démérite. Ainsi, dans le *Gorgias* et dans la *République* et dans les mythes qui les terminent, l'âme humaine est représentée comme une puissance maîtresse d'elle-même....

Chacun est responsable de son choix, Dieu est innocent... αἴτια ἑλομένου... Θεὸς ἀναίτιος... (2), et c'est pour cela qu'il y a des peines et des récompenses dans une autre vie. Le *Gorgias* tout entier est consacré à la démonstration de la responsabilité humaine; je la trouve éloquemment résumée dans ces lignes : « L'homme est un être
« intelligent et libre, dont la loi par conséquent
« est la vérité et la justice. Le rapport de l'homme
« à la justice et à la vérité, voilà sa loi, voilà l'or-
« dre pour lui et son vrai bonheur; être en dehors

---

(1) V. l'allégorie du *Phèdre,* où la raison est représentée par le guide, la passion par le coursier indocile, le θυμός par le courage obéissant et généreux.

(2) *Rép.*, liv. X. — C. X, 287.

« de la justice et la vérité, voilà pour lui le désor-
« dre et la misère; et de là, nécessité des peines
« comme retour à l'ordre et à la véritable exis-
« tence (1). »

On peut regretter que cette théorie de l'âme active, libre, responsable, soit par moments affaiblie, dans Platon, par cette autre théorie héritée de Socrate, que les méchants le sont malgré eux : Οὐδεὶς κακὸς ἑκών.

Socrate estimait que, si la vertu est une science, le vice ne peut être qu'une ignorance.

Platon démontrait qu'il dépend précisément de l'homme de connaître le bien, et que le bien, une fois connu, était accompli; l'âme s'élevait dans sa théorie à l'ordre et à la vertu par la liberté, en s'affranchissant de la sensation et de toutes ses misères.

Platon a donc continué et développé la doctrine de Socrate; il a connu et affirmé l'âme comme principe spirituel, et en tant que cause libre : c'est le premier degré d'une bonne théodicée.

Mais il ne suffit pas de se connaître soi-même comme intelligence et liberté, pour être sur la voie de la notion claire et de l'affirmation de l'exis-

(1) *Gorgias*, trad. et argument : III, 144, 257, 407.

tence de Dieu; il faut avoir de plus conçu et formulé le principe de causalité.

Or, ce principe est inscrit à toutes les pages de la philosophie de Platon; il est au fond de la preuve célèbre de l'existence de Dieu par le mouvement et l'ordre de l'univers que nous avons rapporté tout à l'heure du Xe livre des *Lois*.

Des textes nombreux nous le montrent, dans les autres dialogues, formellement et rigoureusement déterminé; ainsi nous lisons dans le Timée (1):

« Tout ce qui naît procède nécessairement d'une « cause; *car rien de ce qui est né ne peut être « sans cause.* » Plus loin : « Le monde est né, car « il est visible, tangible et corporel. Ce sont là des « qualités sensibles; tout ce qui est sensible, tom-« bant sous le sens et l'opinion, naît et périt, « nous l'avons vu, et tout ce qui naît *doit néces-« sairement venir de quelque cause* (2). »

Plus loin encore :

---

(1) *Timée*, St. D. 508. — C. XII, 116.

Πᾶν δ' αὖ τὸ γιγνόμενον, ὑπ' αἰτίου τινὸς ἐξ ἀνάγκης γίγνεσθαι. Παντὶ γὰρ ἀδύνατον χωρὶς αἰτίου γένεσιν σχεῖν.

(2) *Timée*, St. C. 509. — C. XII, 117.

Τῷ δ' αὖ γενομένῳ φαμὲν ὑπ' αἰτίου τινος ἀνάγκην τινὰ εἶναι γενέσθαι.

« Le monde est la plus belle des choses qui ont
« eu un commencement, et son auteur la meil-
« leure de toutes les causes (1). » Le *Philèbe*, dia-
logue tout didactique, répète formellement le principe de causalité. Platon y fait dire à Socrate :
« Vois s'il te paraît nécessaire que tout ce qui est
« produit le soit en vertu de quelque cause. — Il
« me paraît que oui ; car comment pourrait-il
« être produit sans cela (2)? »

Puis il caractérise cette cause : Il y a dans cet
univers beaucoup d'infini et une quantité suf-
fisante de fini auxquels préside une cause *res-
pectable qui arrange et ordonne les années, les
saisons, les mois, et qui mérite, à très-juste
titre, le nom de sagesse et d'intelligence* (3). . . .

---

(1) *Timée*, St. C. 509. — C. XII, 117.
Ὁ μὲν γὰρ κάλλιστος τῶν γεγονότων, ὁ δ' ἄριστος τῶν αἰτίων.
(2) *Philèbe*, St. E. 189. — C. II, 335.
Ὅρα γὰρ εἴ σοι δοκεῖ ἀναγκαῖον εἶναι πάντα τὰ γιγνόμενα διὰ
τίνα αἰτίαν γίγνεσθαι.
Philèbe, St. E. 190. — C. II, 341.
Τὸ δὲ νοῦν πάντα διακοσμεῖν.
St. C. 190. — C. II, 346.
Ὡς ἔστιν. . . ἄπειρόν τε ἐν τῷ παντὶ πολὺ καὶ πέρας ἱκανόν,
καὶ τίς ἐπ' αὐτοῖς αἰτία οὐ φαύλη, κοσμοῦσά τε καὶ συντάττουσα
ἐνιαυτούς τε καὶ ὥρας καὶ μῆνας, σοφία καὶ νοῦς λεγομένη δικαιό-
τατ' ἄν. . . . . Σοφία μὴν καὶ νοῦς ἄνευ ψυχῆς οὐκ ἄν ποτε γενοί-
σθην. . . . .

« Mais il n'y a point de sagesse et d'intelligence
« là où il n'y a point d'âme... » Ainsi, tu diras
qu'il y a dans Jupiter, en qualité de CAUSE, une
âme royale, une intelligence royale (1).

Voilà bien l'application du principe de causalité, l'affirmation par Platon, affirmation légitime et scientifique de la cause nécessaire et active, conçue à l'image de l'âme humaine. Reste à démontrer que la cause première, telle que Platon la conçoit, est infinie.

L'infini ne serait-il pas dans Platon, lorsqu'il est constant que la loi générale de la raison est de chercher en toutes choses l'infini, le parfait, et que la théorie des idées n'est pas autre chose que la recherche régulière de l'élément de perfection renfermé dans chaque chose? Mais il faut y prendre garde. Dans Platon et chez tous les philosophes de l'antiquité, ce mot d'*infini* signifie l'indéterminé, ce qui n'a pas de limites fixes, mais ce qui est susceptible d'en avoir ; il s'applique à la matière, c'est-à-dire à ce qu'il y a de moins parfait, de moins existant, de moins réel. Ce n'est donc pas sous ce terme qu'il faut chercher dans les dialogues l'*infini* tel que nous le concevons aujourd'hui ; les mots qui l'expriment sont ceux de

(1) *Philèbe*, St. D. 191. — C. II, 347.

parfait, d'éternel, d'existant par soi, de vrai, d'immuable.

Représenté en ces termes, l'*infini* est dans Platon; il est le terme et l'aspiration de sa doctrine. Nous voyons Platon, sous toutes les formes, affirmer et s'attacher à établir qu'il y a quelque chose qui existe en soi, qui existe éternellement, qui ne change pas. Cet objet parfait, ce sont les idées de vrai, de juste, de beau, de bien qui se réunissent et se confondent toutes dans l'idée ou l'idéal du bien, qui n'est pas moins que Dieu lui-même.

L'idée, en effet, c'est l'idéal, l'intelligible, c'est l'Être, c'est le vrai, l'idée du bien, ἰδέα τοῦ ἀγαθοῦ; c'est donc l'idéal du bien, le bien suprême, le bien vraiment existant, τὸ ἀγαθὸν ὄντως ὄν, τὸ ἀγαθὸν αὐτό, τὸ ἀγαθὸν αὐτὸ καθ' αὐτό.

Cette notion de l'Être, de l'infini, principe de la science et de la vérité, et aussi principe de l'Être, dernier terme de la théorie des idées, but suprême de la dialectique, constitue la preuve par excellence de l'existence de Dieu. Elle repose non sur une démonstration syllogistique, mais sur la loi imposée à la raison, de ne pouvoir apercevoir dans le monde fini l'Être sous la condition du mouvement et de la limite, sans que la raison conçoive et affirme l'Être immuable et illimité. Au fond, la voie qui mène à Dieu n'est pas celle du raisonnement, mais l'élan régulier de la raison pure; en sorte qu'il est vrai de dire que, dans la théorie des idées, Dieu n'est pas pour Platon la conclusion d'un syllogisme, mais un objet d'intuition; qu'il n'est pas une conséquence, mais un principe. En ce sens, la notion de Dieu est évidente par elle-même, antérieure et supérieure à toute démonstration, et sur ces hauteurs de la pensée, elle défie les dédains et confond les vains efforts de toute philosophie athée ou sceptique.

III.

Appréciation.

Dans l'exposition que l'on vient de lire, nous croyons avoir réussi, non-seulement à exposer les antécédents de Platon sur la notion de Dieu et la démonstration de Platon elle-même, mais l'avoir assez fidèlement retracée pour qu'on puisse saisir les traits de vérité et de grandeur qui y abondent, et aussi quelques imperfections, tribut inévitable que le plus grand philosophe de l'antiquité a payé à la faiblesse humaine. Toutefois, nous n'aurions pas complétement atteint notre but, si nous n'indiquions et ne cherchions à préciser la part de bien et la part de mal qui peuvent être assignées à la théorie platonicienne.

Voici quels avaient été avant lui le mouvement et le progrès de la pensée philosophique :

L'école d'Ionie considérait la nature comme un perpétuel écoulement des choses, comme un *devenir* éternel, et du sein de ce mouvement Héraclite soupirait vers l'unité (1).

L'unité, l'Être un, immuable, éternel dans sa profondeur, mais dans son abstraction et son immobilité, fut le dernier mot de la métaphysique de l'école d'Élée (2).

Pythagore apporta à la science l'idée du nombre considéré comme unissant en toutes choses l'unité et la variété.

Anaxagore enseigna que l'intelligence a organisé l'univers, et Socrate enfin, psychologue et moraliste, donna une méthode à la philosophie.

Platon, disciple de Socrate, et prenant comme lui son point de départ dans l'étude régulière de la conscience, instruit à l'école de Cratyle (3) qu'il n'y a point de science des choses qui passent, cherche la science dans ce qui ne passe pas ; il emprunte à Pythagore le nombre, premier germe des

---

(1) V. *passim*, le *Cratyle*, *Théétète*, *Philèbe*.

(2) V. le *Parménide* et le *Sophiste*.

(3) Dès sa jeunesse, Platon se familiarisa, dans le commerce de Cratyle, avec les opinions d'Héraclite, que toutes choses sont dans un perpétuel écoulement, et qu'il n'y a pas de science de ces choses ; et dans la suite il garda ces opinions. (Arist., Mét., l. I, ch. v.)

idées ; à Parménide, l'unité ; à Anaxagore, l'intelligence et le mouvement; à Socrate la sagesse, la bonté et la providence, et complète tous ces philosophes dans sa démonstration de Dieu considéré comme principe de la pensée et de l'être.

Platon, en tant qu'il pose Dieu comme cause spirituelle, intelligente, continue et développe Anaxagore et Socrate ; en tant qu'il conçoit Dieu comme unité réelle et non abstraite, comme être vivant et non comme être mort, rectifie et complète Pythagore, Parménide et Socrate.

Ce sont tous ces courants qui sont venus s'unir dans la pensée platonicienne, et dont la trace y est restée sensible. Platon ne s'est pas arrêté, pour démontrer Dieu, au mouvement du monde, au spectacle des merveilles de l'univers; il a compris la nécessité d'appeler la raison au secours de l'expérience, avec ses idées d'unité, de perfection et d'être en soi ; il a cru nécessaire, après avoir donné la cause première et motrice à l'aide du principe de causalité, de s'élever à l'être par la notion d'infini; il a donc cherché hors du monde visible la raison d'être des beautés imparfaites, de la justice imparfaite, la raison d'être de l'être imparfait, une raison d'être des êtres, Dieu. A Platon, le premier, la gloire d'avoir établi que l'existence de Dieu est l'affirmation essentielle de la raison même, la philosophie même ; que toutefois Dieu, dans son fond le plus intime, n'apparaît pas immédiatement à la raison ; qu'entre Dieu et la raison, il y a un intermédiaire : c'est la justice, la beauté, la sainteté, la vérité, toutes ces essences éternelles appelées dans sa théorie *idées*.

Le raisonnement n'est pas impuissant à confirmer l'existence de ce Dieu objectif, vivant et réel ; mais c'est la raison qui le donne.

Voilà la théodicée de Platon dans sa simplicité, comme dans sa grandeur.

Voici maintenant ses imperfections et ses faiblesses. — Platon n'a qu'un but dans sa philosophie : c'est de saisir en toutes choses le divin. Dieu est pour lui le commencement, comme la fin des choses. Mais son génie, mélange unique et harmonieux de métaphysique et de poésie, se complaît souvent dans le demi-jour du mythe et du symbole, et de là l'absence nécessaire de toute précision, de toute classification rigoureuse dans l'ordre et l'enchaînement des éléments de la preuve de la notion divine. Platon part sans doute de l'expérience pour s'élever à l'idée ; mais il abandonne trop tôt les régions sensibles, et semble même en perdre le souvenir dans la contemplation des idées du beau, du vrai, du bien, que l'âme avait déjà connues dans son voyage à la suite de Jupiter (1). Dans son effort pour embrasser le monde intelligible, il s'est parfois égaré, et a confondu de pures abstractions avec les *idées* véritables, les universaux que produit la généralisation avec ceux que la raison conçoit ; l'idée, dans la théorie platonicienne, c'est le beau, le vrai, l'être, le bien, l'unité; c'est la sagesse, l'intelligence, l'ordre, la justice, la sainteté : l'idée, c'est le parfait apparaissant dans l'imparfait, l'idéal dans le réel : l'idée, c'est tout ce qui dans la nature et dans l'humanité suscite l'idée de l'infini, le ressouvenir et le regret de la perfection entrevue, tout ce qui est susceptible d'être conçu sans limites, par soi, dans une plénitude absolue.

A ce point de vue, les idées seraient les éléments de l'existence, et par suite les attributs de Dieu.

Les idées du Vrai, du Beau, du Juste, du Saint, ne sont que les faces diverses de l'idée du Bien; elles sont des perfections relatives, multiples; l'idée du Bien est la perfection même, l'unité absolue des perfections. Quelle est l'âme qui, entrevoyant à travers les ombres et les ténèbres de cette vie les reflets divers de la beauté et de la

---

(1) *Phèdre*, St. B. 581. — C. VI, 57.

vérité, ne retrouverait ses ailes si elle les avait perdues, et traversant les régions du temps et du mouvement, ne s'élèverait jusqu'au Λόγος divin, dans le langage symbolique, appelé prairie céleste (1)?

Mais ce ne sont pas là les seules idées que Platon admette dans sa théorie; nous le voyons placer, à côté du bien et du beau, les idées d'égalité, de ressemblance et de grandeur (2), qui ne sont que des idées de rapport, des idées négatives, comme celles de l'inégalité, de la dissemblance et de la petitesse; des idées contingentes, le repos et le mouvement (3); l'idée de l'homme en soi, et d'autres idées semblables, qui sont de véritables genres naturels; des idées qui ne peuvent être que

(1) *Phèdre*, C. VI, 49, 56, 154.
(2) *Phédon*, St. E. 24 : Λέγω δὲ περὶ πάντων, οἷον μεγέθους πέρι, ὑγιείας, ἰσχύος, καὶ τῶν ἄλλων ἑνὶ λόγῳ ἁπάντων τῆς οὐσίας, ὃ τυγχάνει ἕκαστον ὄν. — E. 27 : ... Φαμέν πού τι εἶναι ἴσον, οὐ ξύλον λέγω ξύλῳ, οὐδὲ λίθον λίθῳ, οὐδ' ἄλλο τι τῶν τοιούτων οὐδέν, ἀλλὰ παρὰ ταῦτα πάντα ἕτερόν τι, αὐτὸ τὸ ἴσον.

Phédon, C. I, 223. V. également *Parménide*, XII, 11. — Dans le *Grand Hippias*, Platon met la grandeur, τὸ ὑπερέχον, qui rend les choses grandes, sur la même ligne que la beauté ou le beau, qui rend les choses belles; — un peu plus loin, la force est placée à côté de la beauté, comme de même espèce.

Parménide, C. XII, 57, *passim*.
(3) *Philèbe* et *Sophiste*.

celles d'un genre artificiel (1); enfin l'idée du néant et du non-être (2).

L'embarras de Platon pour expliquer et coordonner dans sa doctrine les idées de ressemblance et de dissemblance, de multiplicité et d'unité, est vivement exprimé dans le *Parménide* (3); on y sent comme le pressentiment des objections d'Aristote : « Quelquefois, dit Socrate, il m'est
« venu à l'esprit que toute chose pourrait bien
« avoir également son idée; mais quand je tombe
« sur cette pensée, je me hâte de la fuir, *de peur*
« *d'aller me perdre dans un abîme sans fond*. Je
« me réfugie donc auprès de ces autres choses,
« dont nous avons reconnu qu'il existe des idées. »
— Ces autres choses sont le vrai, le bien, le juste, qui ne lui inspirent aucun doute, et lui rendent et sa force et sa foi. Dans le *Phédon* (4), Socrate, fatigué par les questions qui lui sont faites sur le

(1) *Rép.*, liv. X, St. D. 376. — C. X, 239.
Ταῦτα δὴ, οἶμαι, εἰδὼς ὁ θεός, βουλόμενος εἶναι οὕτως κλίνης ποιητὴς ὄντως οὔσης, ἀλλὰ μὴ κλίνης τινὸς μηδὲ κλινοποιός τις, μίαν φύσει αὐτὴν ἔφυσεν.

(2) *Sophiste*, C. XI, 291.

(3) *Parmén.*, St. D. 541. — C. XII, 13.
Εἶδος δέ τι αὐτῶν οἰηθῆναι εἶναι μὴ λίαν ᾖ ἄτοπον· ἤδη μέντοι ποτέ με καὶ ἔθραξε, μή τι ᾖ περὶ πάντων ταὐτόν· ἔπειτα ὅταν ταύτῃ στῶ, φεύγων οἴχομαι, δείσας, μήποτε εἰς τιν' ἄβυθον φλυαρίαν ἐμπεσὼν διαφθαρῶ.

(4) *Phédon*, C. I, 283.

rapport qui existe entre les idées et les choses sensibles, répond qu'il ne faut point se perdre dans les spéculations, et déclare qu'il n'affirme rien, sinon que toutes les belles choses sont belles par la présence de la beauté. — C'est bien là le grand métaphysicien qui avait appris à l'école de Socrate à confesser son ignorance; c'est le génie de Platon, tempéré par le bon sens. — Enfin dans le *Sophiste* (1), lorsqu'il vient à examiner si l'Être suprême, par son immutabilité, échappe à la pensée, il s'écrie : « Mais quoi! Par Jupiter, nous per-
« suaderait-on si facilement que dans la réalité le
« mouvement, la vie, l'âme, l'intelligence, ne
« conviennent pas à l'être absolu, que cet être ne
« vit ni ne pense, et qu'il demeure immobile, im-
« muable, sans avoir part à l'auguste et sainte
« intelligence (1)? »

C'est ainsi que Platon maintenait, au milieu des contradictions et des incertitudes d'une théorie peu homogène et précise, les idées qui en font la base durable et immortelle, et avec ces idées, contre l'excès naturel de la dialectique vers l'unité abso-

---

(1) *Sophiste*, St. E. 87. — C. XI, 261, 519.
Τί δεῖ πρὸς Διός; ὡς ἀληθῶς κίνησιν καὶ ζωὴν καὶ ψυχὴν καὶ φρόνησιν ἢ ῥᾳδίως πεισθησόμεθα τῷ παντελῶς ὄντι μὴ παρεῖναι, μηδὲ ζῆν αὐτὸ μηδὲ φρονεῖν, ἀλλὰ σεμνὸν καὶ ἅγιον νοῦν οὐκ ἔχον ἀκίνητον ἑστὸς εἶναι.

lue, le Dieu de bonté et de justice (1), vivant (2) et intelligent (3), qui s'est réjoui après avoir composé le plan de l'univers sur le modèle éternel de la beauté et de la justice (4). Toutes les perfections de son Dieu, intelligence suprême et sagesse infinie, foyer d'amour d'où rayonne dans la nature et dans l'homme l'idéale beauté; sa conception de Dieu, principe qui enfante (τεχοῦσα) la lumière et la vérité, qui donne l'être (τὸ εἶναι καὶ τὴν οὐσίαν) à toutes les essences, et à tout ce qui est dans le monde visible, comme dans le monde intelligible, en un mot, principe absolu de la pensée et de l'être, s'expliquent par le principe de causalité, d'une part, et de l'autre par la notion d'infini, d'absolu que fournit la théorie des idées. La cause et l'infini, c'est le double fondement de la théodicée platonicienne.

Toute théodicée ne peut démontrer Dieu qu'à l'aide de ces deux principes. La philosophie spiritualiste complétera, précisera, unira plus tard, portera à une rigueur scientifique les notions sublimes auxquelles s'est élevée l'intuition platonicienne; elle ne les dépassera pas, si elle puise à

(1) *Timée*, C. XII, 140. — *Rép.*, X, 287-294.
(2) *Sophiste*, C. XI, 261, 519.
(3) *Philèbe*, C. II, 347-349.
(4) *Timée*, C. XII, 119. 125, 130.

une source purement humaine. La conception platonicienne de Dieu reste donc à jamais acquise à la philosophie ; elle inspire Aristote lui-même dans sa démonstration du moteur immobile (1), ravit et transporte d'admiration l'un des plus illustres Pères de l'Église (2); développée par saint Augustin sous la forme particulière et originale de l'argument des vérités éternelles, elle passe dans les écoles du moyen âge avec saint Anselme, et nous la trouvons enfin au sein de la philosophie moderne, présentée dans toute sa force et son éclat par Bossuet, Fénelon, Malebranche et Leibnitz.

(1) *Le premier moteur et la nature dans le système d'Aristote*, par Ch. Lévêque; 1852.

(2) Saint Augustin, au ch. 6 du liv. V de la *Cité de Dieu*, va jusqu'à comparer à ces deux grandes et saintes paroles : l'*Ego sum qui sum* de la *Genèse*, et l'*In principio erat Verbum* de l'Évangile.

Vu et lu,
A Besançon, le 17 juillet 1854.

Le Doyen,
J. B. PÉRENNÈS.

Permis d'imprimer.
Le Recteur de l'Académie du Doubs,
GODRON.

TABLE DES MATIÈRES.

PREMIÈRE PARTIE.

DE L'IDÉE DE DIEU DANS LA PHILOSOPHIE GRECQUE AVANT PLATON.

I.	Les Ioniens..	5
II.	Les Pythagoriciens......................................	11
III.	Les Éléates...	19
IV.	Anaxagore..	24
V.	Socrate..	34

DEUXIÈME PARTIE.

DE L'IDÉE DE DIEU DANS PLATON.

I.	Exposition de la preuve de l'existence de Dieu dans Platon.	40
II.	Éléments de cette preuve.............................	57
III.	Appréciation...	69

FIN DE LA TABLE.

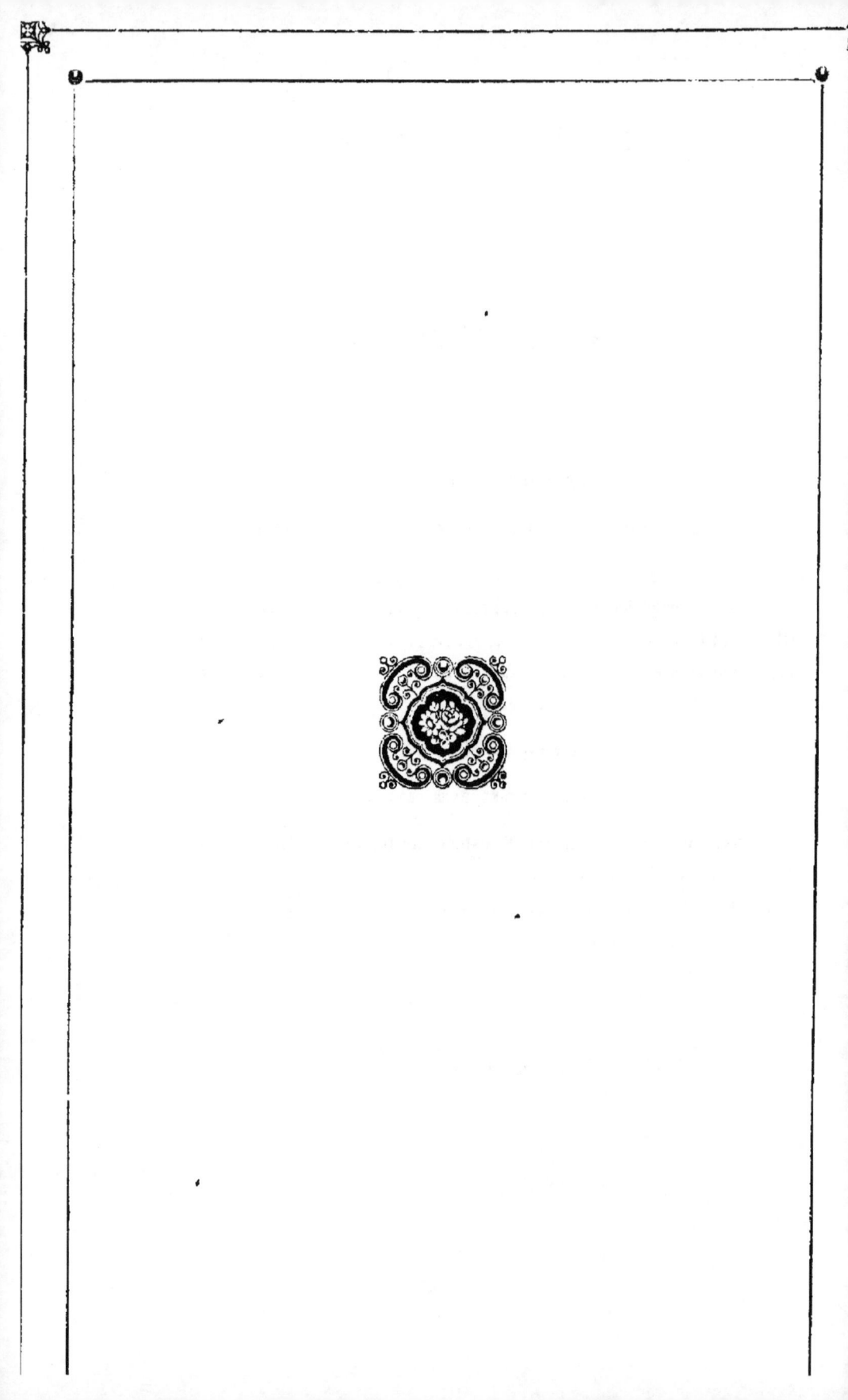

www.ingramcontent.com/pod-product-compliance
Lightning Source LLC
LaVergne TN
LVHW020326100426
835512LV00042B/1771